「自分で稼ぐ力」を身につける本

伊藤健太
株式会社ウェイビー代表取締役社長
KENTA ITO

日本経済新聞出版社

まえがき

本書は「1万人を超える、独立・起業をしてきた人の知恵の結晶」です。あなたが副業や独立・起業を始めようとするときに、失敗する確率を減らすことができるものです。

本書を手に取った方は、「会社に頼らず、何か自分の力でやってみよう」（＝副業・独立・起業など）と考えていることと思います。

大小問わず「何か自分の力でやる」「自分で稼ぐ」とチャレンジすることが、これからの時代を生きていくのに一番重要な力だと思います。

僕はそのような人を尊敬します。そのチャレンジがどんな目的であっても、です。

ただ、独立・起業というのは、とても残酷な世界です。

多くの人が、自分はうまくできると思って意気揚々と挑みますが、失敗しています。

自己紹介が遅くなりました。はじめまして、伊藤健太と申します。

僕は23歳の時に病気をきっかけに起業をしました。ウェイビーという会社をつくり、独立・起業を望む人のお手伝いをしてきました。支援した方々を人数にすると、10年間で1万人を超えます。10年間で1万人超という数は日本でも稀有な数だと思います。

その中で、独立・起業する人と一緒に、なぜうまくいったのか、なぜ失敗したのか、その原因や、どうしたらよいのかをずっと考えてきました。

現在は、これまでのノウハウを活かし、独立・起業した人の売上アップを実現する「01クラウド」というクラウドサービスを主に提供しています。また、弊社が運営している、独立・起業支援のメディア「01ゼロイチ」は月間47万人以上が訪れる、国内最大の独立・起業系の応援メディアになっています。

本書は、「自分で稼ぐ」ことを考え始めてから、副業の始め方、実際の独立・起業の準備、事業開始、資金調達……と段階を追って、やるべきこと、避けるべきことを解説しています。

また、**各段階ごとに、確率高く起こりうる失敗やその原因を、リアルさにこだわって紹介しました。**これまでとても主観的だった独立・起業の世界やノウハウ、各段階で押さえておいてほしいポイントを、客観的に、再現性を意識した内容です。

とにかく実践的で役立つ内容に仕上がったと自負しています。

独立、起業は座学ではありません。アクションの連続体＝意思決定の連続体です。あなたの「自分で稼ぐ力」を鍛え、副業、独立・起業のお役に立てると思っています。是非本書を読み進めてください。

さぁ、まえがきは終えて、はじめましょう。

2020年1月　伊藤健太

目次

03

空き時間でとりあえず始めてみたけれど

［副業化］

04

5年後の前に今を考えよう【事業化準備】

05 売上の正体［事業開始］

06

順調なスタートダッシュへ

［資金調達・手続き］

07 時間は解決してくれない【起業直後】

01

「自分で稼ぐ力」を手に入れる人、逃す人

[下調べ]

100回転ぶことは失敗か?

この章のポイント

多くの人が、会社組織に頼らず、「自分の力で稼ぎたい」と考えています。

では、「自分で稼ぐ力」とは、どういったものでしょうか？　なぜ今、手にしていないのでしょうか？

人は環境でできています。1つの環境で形成された自分＝主観的な自分になってしまうと、物事を局所的にしか見ることができなくなってしまい、ゴールからは遠ざかってしまいます。

自分を高めたい、現状のままではいけない、そういった人の多くが、マインドセットを変える必要性があることに気がついていません。

これまでのやり方は通用しない

仕事で使うスキルを高めたい、趣味でやっていることを副業にしたい、やがては独立したい……しかし、うまくいかない。結果に結びつかない。

多くの人はわかりやすい問題解決方法（知識やスキル）を学ぼうとします。この問題解決方法も、もちろん大切なのですが、これは手段の1つにすぎません。

これまで学校や会社組織で習ってきた知識やスキルは、スマホでいえばアプリです。アプリももちろん大切なのですが、アプリがなぜ動くのか？　どのように動くのか？　こういったことはスマホ自体のOSや使っている人によるわけです。

このOSは「マインドセット」です。

OSが違ったらアプリは動きません。

マインドセットが違ったらスキルは使えません。

マインドセットが変われば、考え方が変わり、取る行動が変わります。取る行動が変わると結果が変わります。そして結果が変わるとマインドセットも変わります。結果の評価の仕方も変わります。

では、そもそもマインドセットを変えるためにはどうしたらいいのでしょうか？

マインドセットを変えるためには、目的を変えることです。目的を全て「自分の成長」に置くのです。そうすると全てが通過点となり、全ての経験や結果はどのようなものであっても自分の成長につながります。生涯の目的を自分の成長に置くのです。

自分の成長を目的に設定できると、やっていることの全てが成長につながることがわかります。また、いわゆる成功・失敗どちらでも自分の成長につながります。

失敗の意味合いを書き換えろ

マインドセットを変えるため、目的を自分の成長に置いた場合、日々重要になるのは、**ＰＤＣＡサイクルの累積回転数**です。

ＰＤＣＡサイクルの回転数を重視すると、まずやってみるという気持ちが前向きに生まれます。

企業勤めの方にありがちな考え方ですが、「1つのことを失敗しないでうまくやる」という目標設定になってしまうと、「いかに失敗せず1回でうまくやるか?」という発想になります。結果として「まずやってみる」という姿勢にならず、机上で非生産的な時間を過ごす結果になってしまい、あなた自身の成長に全然つながらないということが多々あります。

ＰＤＣＡサイクルの回転数を重視することで、失敗の意味合いが大きく変わりま

01
「自分で稼ぐ力」を手に入れる人、逃す人
【下調べ】

す。失敗は「1つのことに失敗し、うまくいかないこと」ではなく、「PDCAサイクルの回転数が上がらないこと」になります。

このように失敗の意味合いを書き換えることができると、これまで行動することを後回しにしていた人が取る行動が全く変わります。行動しないことが明確な失敗になるからです。

自分の成長を目的に置けると、今できていないことが仕方ないことだと思えるようになります。言い換えれば、まだまだ成長するチャンスがあるということです。今の自分には少し難しいかもしれないと客観的に捉えることができると、どうやったらできるのかと少し客観的に問題を捉えることができるようになります。余裕が全くなく問題に直面している場合と、少し余裕がある形で問題に直面しているのとでは問題解決方法に大きな差が生まれます。

「自分で稼ぐ力」につながるよいマインドセットとは

僕が10年間で1万人を超える起業家・副業家のお手伝いをする中で、よいマインドセットを持っている人は、3つの特徴を持っていました。

- 最速で最大の成果を出すことを最優先で考える
- 1つの行動が波紋を広げることを考える
- まわりを巻き込もうと考える

努力がなくとも目標達成や成果が出るのであればもちろん、それに越したことはないですよね。しかし、そんなことは現実としては、なかなかありません。

とはいえ、なぜかほとんどの人が、**努力することは当たり前、努力をすることを全く疑わない状況**にあるように思います。それは一見すれば当たり前なのですが、努力しなくてもうまくいく方法があれば、それに越したことはないという考え方や発想を、消してしまうことが大きな問題だと思っています。

楽やズルをしてうまくいく方法があるなんて言うつもりは毛頭ありません。根性論的な、精神論的な、感情論的な話ではなく、徹底的に頭を使うべきだと言いたいのです。今までの常識や、やり方を疑いましょう。

そのためには問いを変えるのです。

成果の出ない人というのは、往々にして、間違った問いに正しく答えている人です。

この人はなぜ間違えたかに気がつきません。答えが間違っていたんだと思ってしまうわけですが、そもそも問いが間違っていることがほとんどです。

うまい問題設定のためには、トヨタ改善方式の「なぜ」を繰り返し続けることがとても効果的です。

また、リフレーミングという手法も有効です。リフレーミング（reframing）とは、ある枠組み（フレーム）で捉えられている物事について、その枠組みを外して、別の枠組みで見ることです。

たとえば、あなたが超高層ビルを管理している会社の社長だとします。毎朝、エレベーターホールには入居しているテナント企業の従業員が長蛇の列をつくっていて、クレームが殺到しています。

あなたは、どのようにこの状況を解決しますか?

よく出てくる答えとして、次のようなものがあります。

「エレベーターを増設する」
「エレベーターで止まる階と止まらない階をつくる」
「階段を利用してもらうキャンペーンを考える」
「リモートワークを推奨してもらう」
「時差通勤を推奨してもらう」

確かにこれらの答えはそれっぽいですし、間違いではないと思います。ただ、僕からす

るとこれらの答えは、全て同じ答えに見えてしまうのです。なぜかというと、問題設定が全て同じで、そこから出てきた答えだからです。「エレベーターの輸送効率が悪い」ことを問題にしています。

たとえば、問題設定を輸送効率ではなく、エレベーターホールで待っている時間が無駄だからクレームが起きると考えてみましょう。

ここで、待ち時間をとても楽しい時間、前向きな時間に変えることができればよいのではないか、という問題設定はいかがでしょうか？

このように問題設定が変わると、答えが変わります。

1つの行動が波紋を広げる

こういう話があります。現役で会社を経営しているある社長が、自身を派遣スタッフとして登録しているというのです。

この社長の会社がうまくいっていないため、少しでも稼ぐために派遣の登録をしているのかというとそうではありません。むしろうまくいっているのです。

もっと言えば、一層うまくいくために派遣登録をしているのです。

派遣先の会社で働くことによって、価値のある情報を手に入れることができたり、その会社で働いているということが自社にとっても箔がつくような会社で働いているのです。そのために、週に何回か派遣をされているそうです。

僕も小さな会社を経営しているのでとてもよくわかります。次のようなメリットがあります。

- うまくいっている会社の考え方を知って自社に生かすことができる
- 自社では入ってこない情報や、できないような施策を体験することができる
- 発想が凝り固まってしまうことを防ぐことができる
- 派遣される会社によってはその会社にいること自体がバリューになる
- いろいろな人の気持ちがわかる

たった1つの打ち手ですが、その打ち手にたくさんの意味や効果を見出すことができます。この選択をすることのリスクは？　と考えてみると、リスクなんてほぼないわけです。

普通の人はこのようには考えませんよね。むしろ反対でお金を払って教えてもらおう、自社のブランドを強化してもらおうとします。**お金を払って何かを得るということは誰でもできるし、思いつくことです。もっと一石二鳥、三鳥、四鳥、五鳥を考えて、何をすることが一番よいのかを考えるべき**です。

まわりを巻き込もう

アフリカの格言で、こういうものがあります。

「早く行きたいなら1人で行け、遠くへ行きたいならみんなで行け」

成果を出す人は自分1人でできることの少なさ、小ささを知っています。そのため、そもそも最初からどうやったらうまくまわりを巻き込むことができるのか、を考えています。

まわりを巻き込むということには、いろいろなことが含まれています。まず目標やその道筋が見えていることがあります。

また、巻き込む人が見えたとしても、なぜその人は巻き込まれてくれるのか、が大切です。これはお金で解決できることもあれば、そうでないこともあります。お金以外でまわりを巻き込む要素というのは、平たく言えば、人間力といってもよいかもしれません。つまり自分たちがどのようにあるべきか、どのように振る舞うべきか、いかに話を持っていくべきなのかが大切になるわけです。

相手から見て、協力してあげたい、応援してあげたいと思われる自分ということを理解するということでもよいと思います。

「自分で稼ぐ力」が強い人はゴールから始める

子どもの頃、1人で自転車に乗れるようになるのに、何回も転びませんでしたか？　どんな人でも、自転車に乗れるようになるためには「100回」転ばないと乗れないと仮定します。つまり101回目には乗れるようになるというわけです。

この前提で次の問いを考えてみてください。

Q　100回転ぶことは失敗ですか？　成功ですか？

Q　どうやったら一番早く自転車に乗れるようになりますか？

答えは、100回転ぶことは成功で、最速で100回転ぶことが正解です。100回転ぶことは絶対必要条件だからです。

でも実際はどうでしょうか？　最速で１００回転びますか？

子どもであっても、いかに転ばないようにするかを考えます。転ぶことを失敗だと思っているからです。

絶対にできるわけがないのに「どうしたら最初の1回目から転ばないで乗れるか？」ということを考えて、最初の1回目に挑むことに時間がかかってしまいます。

これは自転車に限った話ではありません。事業においても全く同じです。

「自分で稼ぐ力」が強い人、成果を出す人というのは、常にゴールを意識しています。これは言い換えれば「今よりどうやったらもっとうまくできるか」を常に考えているわけです。

ちょっと先や未来のゴールをいつも考えながら、今このタイミングで何をすれば、最も少ない時間やエネルギーでゴールにたどり着けるかを考えています。

もう少し具体的なイメージで言えば、**成果が出る人は、最初に答えを見に行っています。**または常に答えの確認をしながら今を動いています。

たとえば、こういう問いがあったとします。

Q　じゃんけんに勝とうと思ったらどうしますか？

Q　学習時間として1年間は必要とされている試験があったとして、あなたの準備期間は1カ月しかありません。どうしますか？

どちらも答えは同じです。

じゃんけんでは、後出しをすればいいわけです。

この後出しというのはもちろんインチキなのでダメなわけですが、やるべき理屈としてはあっています。

つまり絶対に負けないためには、相手が何を出すのかがわかれば、負けることがないわけです。

これは「答えを先に見に行く」ということです。

試験においてはどうでしょうか？

試験において答えを先に見に行くということは、現実的には試験の問題を予想するということです。過去の傾向からこういうものがよく試験に出ている、時代背景を考えたり、主題の趣旨などから考えると、このようなテーマに変わってくるかもしれな

成果を出す人と成果を出しにくい人

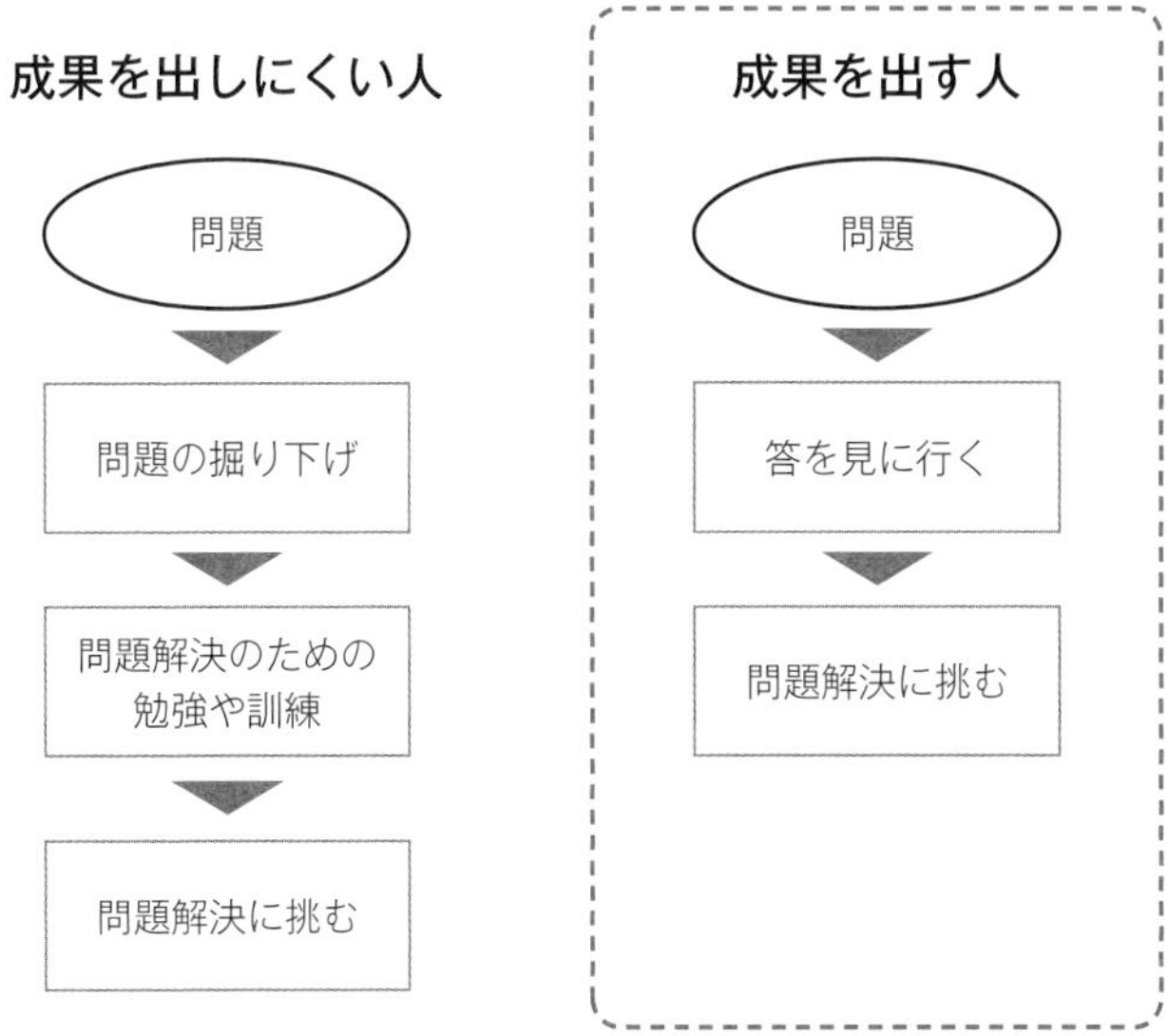

いなど、答え＝問題を予想するわけです。

答えさえわかってしまえば、そこにたどり着く道は見つけられます。

まとめ

1 マインドセットを変えるためには、目的を全て「自分の成長」に置く

2 お金を払って何かを得るということは誰でもできるし、思いつくこと

3 「どうしたら最初の1回目から転ばないで乗れるか？」ということを考えるから、最初の挑戦に時間がかかる

4 成果が出る人は最初に答えを見に行く

5 答えさえわかってしまえば、そこにたどり着く道は見つけられる

02

会社員から「種目」を変える

［心構え］

何をやるかでなく
誰のためになぜやるか。

この章のポイント

多くの人が、独立・起業に対して間違った認識を持っています。独立・起業の準備を入念に行えばうまくいくと思っています。

独立・起業というのは、あなたが思っている準備やステップでは失敗をします。

独立・起業をする前に何をしなくてはいけないのか、何をしてはいけないのか、こういったことをお伝えします。

独立・起業の本当のリスクとは

独立・起業の話になると、必ずリスクの話になります。リスクが大きいとか、リスクがなさそうだねという具合です。その際のリスクとは何のことを言っているのでしょうか。

リスクとは、主に経済的なリスクのことが言われます。経済的なリスクというのは、独立・起業にあたって初期費用や固定費が大きくかかるものをいいます。固定費というのは、何もしなくてもかかってしまう固定のお金のことです。

初期費用が大きいと資金が一気になくなってしまいますし、固定費を大きく持ってしまうと、その分以上の定期的な売上がないと、赤字になってしまうわけです。

そのため事業を始めるときは、初期費用は抑えて、固定費は極力持たないでやるべきだと言われています。

会社を辞めて独立・起業すると会社時代の収入を失います。この給与収入がなくなることも含めてリスクだと思われています。

■未知な部分と見える部分

もう少し深掘りして、経済的なリスクを高める要因を考えてみましょう。

それは、結局のところ、**あなた自身がしっかり稼ぐことができるのか、**ということです。これが未知数なので、リスクのように見えるわけです。稼げるかどうかは結局はやってみないとわかりません。

未知な部分はリスクヘッジしにくいので、見える部分をリスクヘッジしましょう、ということで初期費用や固定費部分をリスクヘッジしようとなるわけです。

あなたが稼ぐことができるのか否かのリスクを少しでも消す方法もあります。会社を完全に退職して、給与ゼロで独立・起業。そして売上がゼロだと、完全に収入がなくなります。そこで、副業です。会社の給与をもらいつつ、自分で稼ぎ始めるということです。

■フランチャイズとスモールM&Aの共通点

自分で稼ぐということは、あなた自身のアイデアでゼロから独立・起業する方法と、すでに勝っている（稼いでいる）再現性のある事業モデルで独立・起業するという方法に分けることができます。

前者が一般的な独立・起業だと思ってください。後者はいわゆるフランチャイズシステムをイメージしてください。どちらがよい悪いでなく、やり方などの違いです。

コンビニエンスストアやファーストフードなどでよく見られるフランチャイズシステムの最大のメリットは、フランチャイジー（加盟者）は事業モデルなどを考える必要がなく、フランチャイザー（本部）のノウハウに基づいた運営を行えばよいということです。

言い換えれば、フランチャイザー（本部）にお金を払ってノウハウを使用させてもらうというイメージです。自ら事業モデルを構築するということは、本来は相当に難しいことですが、お金でそのノウハウ構築のショートカットや、成功する（＝良い事業モデルをつくる）確率を上げているわけです。

もちろん実際には、フランチャイズシステムの理念通りということは少なく、フランチャイズといっても玉石混交です。ノウハウと言えない、詐欺に近いようなものもあり、訴訟になることもしばしばあります。そのため慎重に選択しなければいけません。

１００メートル走とフルマラソンはどちらも走る競技ですが、種目は異なります。フランチャイズに加盟することと、自らのアイデアで独立・起業すること、これは全く異なる種目だと思ってよいです。

ただ、僕はこれからの時代にあっては、フランチャイズに似た起業の仕方が圧倒的に多くなっていくと思っています。それは、「スモールＭ＆Ａ」「小規模Ｍ＆Ａ」です。

スモールＭ＆Ａ、小規模Ｍ＆Ａとは、現在、実際に経営が続いている小さい会社や個人事業を第三者が買い取るというものです。買い取る金額として定義があるわけではありませんが、０〜１０００万円程度で会社や事業を買い取れるチャンスがたくさんあると思ってください。経済産業省の発表では、２０２５年時点で、事業承継できないと言われている会社などが１２７万社あるとされています。大廃業時代がきます。

僕も、自分で立ち上げた事業を当時会社員だった人に売却した経験があります。この買い取った人の立場で言えば、一夜にして事業オーナーになったわけです。

スモールM&Aは相対の取引ですので、譲渡に関しての決まった値段はありません。そのため双方がよいところで歩み寄れると、双方にとってとてもよい条件で事業の売買ができます。本当にお互いにとってWIN-WINだと思います。

すでにある小さな会社や事業を買うというのは、フランチャイズに似ています。なぜなら、ゼロから事業モデルを構築する必要がないからです。すでに売上があるわけですし、事業として継続しているものもあります。

独立・起業で一番難しいことは、何もないところから売上を立てることです。とても難しいことで、多くの人が苦戦しています。これが、すでにあるものを改善していくという形になれば、ゼロからの独立・起業よりも、やりやすくなる人は多いでしょう。会社勤めの長い人には、すでにあるものの改善という任務は、これまで培ってきたスキル的にもフィットします。

スモールM&Aや小規模M&Aは、フランチャイズよりも自由度が圧倒的に高いのも魅力的です。フランチャイズの場合には、ブランドビジネスに近いため、様々な制限があります。また、フランチャイザーと運命共同体なので、自分の命を誰かに預けきってしまっているともいえます。

もちろん、スモールM&Aや小規模M&Aでも、会社や事業の見極めが必要です。全ての会社や事業が優れているわけではありません。また、今後を考えたときに、今のところは何とかやれているものの、長くは続かないような会社、事業もあると思います。

ただ、どのような事業を行っていても、事業を変えていくということは、必須のことです。マイナスに捉える必要はありません。すでにあるものを改善していくのか、全く何もないところから立ち上げるのかの違いだと思ってください。

■副業も起業もやりやすくなってきた

近年、副業、スモールM&Aや小規模M&Aなどの新しい形や、複数の会社で働くことにより、最低限必要なお金の確保をした上で独立・起業できるようになってきました。

また、人口減少によって、働く人が減っています。働き手がいないわけなので、仕事が余っているわけです。そのため、クラウドソーシングによる仕事の受発注、BPO（ビジネス・プロセス・アウトソーシング）の市場がとても大きくなってきています。

これからの時代、独立・起業をしたけれど、やはりちょっとうまくいかないので会社勤めに戻ろうとか、副業・複業OKということで、会社に所属しつつ自らの力を他でも生かすという選択が当たり前になると僕は思っています。

事業のスタートのさせ方、撤退する基準さえしっかりと持っておけば、大きなケガをしないで独立・起業ができます。経済的なリスクも消せます。

フリーランスのコンサルタントとして独立・起業していた人がフリーランスを辞めて、企業に入りなおす、こういったことを僕は毎日のように目にしています。つまりは独立・起業というものが片道切符ではなくなってきているのです。

初期費用や固定費用を持たずに立ち上げられる事業が増えていること、仕事が獲りやすくなっていること、うまくいかなかったときに戻れるようになってきていることなど、様々な意味で独立・起業しやすい状況になってきているのです。

	スモールM&A	独立・起業	ベンチャー型
	中一高	低一高	高
	銀行融資・ファンド	銀行融資	エクイティー
	個人一法人	個人一法人	株式会社のみ
	1つの事業として利益が安定して出る	1つの事業として利益が安定して出る	IPOかM&A
	譲渡企業とその従業員	事業次第	投資家
	中一高	中一高	低一高
	既にある事業や会社なので現状よりも上手くマーケティングや営業ができると売上を上げやすい	自由度が高く、自分のやりたいようにやれる	自己資金などはさほど必要なく、アイデア1つで世界を変えることができる
	譲渡案件の見極めが難しく、事前に見えていなかった、想定外のリスクがたくさんある	売上を得ること、商品、サービスをつくること、2つを1人でやらないといけない難しさ	株に関する問題など常に資金調達が生命線となりプレッシャーが大きい
	今後増えてくる起業の仕方。 譲渡案件を見極め、あなたのスキルや経験がフィットすると事業としては成長させやすい	商品、サービスの価値創出とマーケティング、営業面のバランス取りが肝心	自分のペースでゆっくりなどはNG。 基本的に初期は赤字になるので、急成長が求められる

独立・起業、副業、フランチャイズ、スモールM&Aの比較

	副業	フランチャイズ
初期費用	低	高
資金調達	必要なし	銀行融資
形態	個人	個人ー法人
ゴール	数万円ー数十万円収入アップ	1つの事業として利益が安定して出る
重要な関係者	特になし	フランチャイズ本部
当人の自由度	高	低
メリット	多くの場合リスクなく開始できる	よいフランチャイズを見つけることができると、確立されたノウハウによって成功の確率が上がる
デメリット	トラブルなどのリスクを甘く見てやけどすることも	フランチャイズ本部のノウハウ、ビジネスモデルが大したことなく、収益シュミレーション通りにいかないことも
成功のポイント	所属先を持ちつつ、経済的なリスクを極力なくし収入を得ることができるか。また、独立・起業の前段階として位置づけてもよい	フランチャイズ本部が蓄積してきたノウハウやビジネスモデルを、お金を払って使わせてもらうイメージ。 フランチャイズ本部の見極め、本部との相性がとても重要。本部とは一蓮托生の関係になるが、権利関係では勝てない

こういった実情を知らずに、**未だに独立・起業はリスクが高いなどという抽象的な話をしている人がいたら、その人のほうがよっぽどリスクを抱えている**と思います。

人生100年時代に入りましたが、あらゆる社会システムは、人が100年生きることを想定しないでつくられています。自らの力で稼ぐことができる力を持っている人が、新しい時代を豊かに生きていける人になりつつあります。

独立・起業に準備はない

独立・起業に準備という概念はありません。持たないほうがいいです。

たまに、「独立・起業準備中です」と自己紹介する人や、そういったことが書かれた名刺をいただくことがあります。

僕は、こういった人のスタンスがあまり好きではありません。「今は独立・起業準備中なので……（まだできていません）」と、自分を守るために使っているように感じるからです。今は準備中だから、できていないことがあっても仕方ないですよねと言うか、勉強させてくださいというようなスタンスだったりします。この前提やマインドがそもそも「ズレている」と思っています。

イノベーションの聖地シリコンバレーに視察に訪れる日本人が現地でとても嫌われているという話があります。これはいろいろな理由がありますが、現地企業の人からすれば、視察の対応に時間を使ったにもかかわらず、日本人は何もしないので、時間が奪われる、結局、何も生まれないので、日本人と会っても意味がないと思われているわけです。

独立・起業準備中というのは、まさにこのシリコンバレー視察の日本人と同じです。お客様感覚で、当事者意識を持たない人が多くいるのです。自動車の初心者マークのようなものです。自分は初心者なので気を遣ってくださいと言っているようなものです。

独立・起業の世界は、初心者マークをつけていたら誰かが気を遣ってくれるような甘い世界ではありません。助けてくれる、アドバイスしてくれると思ってはいけません。独立・起業の準備などというものはなくて、常に、もう事業をやっているんだという意識を持つべきです。準備中だと思ってしまうとお客様感覚に陥ったり、観光気分になって満足してしまいます。

すでに事業をやっているという意識があれば、一気に行動が具体化します。

この時間の中でのゴールは何か、今の自分の課題は何か、うまくやっている先輩起業家の立ち振る舞いは自分と何が違うのか、どうしたら他者に気に入ってもらえるのか、昨日の自己紹介で摑みをよくするためにどうしたらよかったのか、商品、サービスがまだできていないが、これからなんですと言うのではなく、想定しているものをあたかも手元にあるかの如く、自分のプレゼンで相手にほしいと思わせることができたのではないか、どうすればそれができたのか……など、考えることと実際にやることと、そして反省、改善まで全て変わっていくわけです。

もう実際にあなたは事業をやっているのです。準備なんて認識は捨ててください。

失敗

全部がそろうまでやらない

独立・起業をいつかしたいと思っている人の、決定的にして最大の失敗は、何もしないことです。なぜ、何もしないのでしょうか。全てがそろったら始めようと思っているのです。

こんな方がいました。将来独立をしたいので、資格を取得して独立しようと思っています。行政書士の資格の勉強をしていて、合格したら即独立しますと。

資格を取得することと事業がうまくいくことは全く異なります。資格を取得したところで、一個人事業主であり、八百屋、コンサルタント、ラーメン屋など独立して商売するのと何ら変わらないという話をしました。

資格を使って独立しようと考えている人は、資格を取得できたらうまくいくと勘違いしている人が結構います。

この人は行政書士の試験に合格した後に、どうしたかというと、行政書士だけだと心配だと言い、司法書士の勉強をはじめました、司法書士に合格したら独立をしますと。

このタイプの人はたくさんいて独立後にかなりの確率で苦戦します。こういう人は、自分が思い描いている必要なものや状態が完璧な形でいつか訪れると思っています。しかし、**必要なものが全てそろうということは一生ありません。**

時間の経過とともに必要なものは変わりますし、用意したものが陳腐化することもあります。必要だと思っていたものが1つそろうと、それに伴って新しくあれもこれも必要だ……このタイプの人は必要なものがどんどん増えていきます。そして結局は、必要なもの集めで終わってしまいます。本番は一生来ません。

そもそも事業に完璧な状態なんてありません。動きながら、常に今の最善や未来の最善を探しているわけです。足りないリソースの中で、いかに結果を出すか、ということをやっていくのが独立・起業の世界です。

これまで学校や会社で生きてきた世界と、独立・起業の世界で、勝つためのポイントは異なります。準備重視か本番重視かです。

会社での優秀さはあてにならない

会社での優秀さや地位は独立・起業で求められる実際的な力とは違います。一般的によい会社と言われる超大企業などで働いていると、仕事の立場や社会的な評価のせいで、あなた自身の実際の力について錯覚を起こしてしまいがちです。

よく言われることですが、あなたがすごいということではなく、会社がすごいのです。

よい会社から独立・起業するとその会社のネームバリューがなくなるわけです。会社に所属しているときに、同じ部署や取引先などの近しい人に独立・起業の話をしてみると、協力するよと言ってくれるわけですが、実際に独立・起業して協力してくれるかというと、そういうわけではなかったりします。

少しさびしいかもしれませんが、多くの人は、あなたの勤めている○○社がまずあって、○○社のあなたとのコミュニケーションを優先するわけです。

また、勤めている会社が大きければ大きいほど、社会的、ビジネス構造的な立場が強いはずです。その中で、営業として活躍していたので、自分は営業が得意だ、と過信することも気をつけるべきです。売れることが構造的、仕組み的に、決定的な状態で営業活動に関わっていたということが往々にしてあります。言い換えれば、その会社の人であれば誰でも売れたということです。もちろん、そういう場合でないこともあると思いますが！

独立・起業を持続的にうまくやっていこうとすると、あなたのことを知らない人や会社相手に商品、サービスを展開できないといけません。

勤めてきた会社で培った経験や力を最大限に利用しつつも、固執しては絶対にいけません。甘い想定も絶対にいけません。会社から離れたらあなたはあなたです。

安定収入があると火が点かない

事業をやる人にとって、とても重要な感覚なのですが、ハングリーさとリスクテイクというのは成長のために不可避な要素だと思います。

「可愛い子には旅をさせよ」と全く同じです。あなたも旅をしないといけないのです。

このハングリーさやリスクテイクといったものをうまく自分の中に設定できるようにしないと、自らの力で稼ぐという力はつきにくく、独立・起業をするということが現実的になりません。独立・起業までの準備の時間も、意味のない過ごし方となってしまいます。

余裕があることがハングリー／リスクテイクの要素を間違いなく消してしまいます。そのことによって真剣味が消えてしまうと、行動や考えることが如実にファジーになり、結果に対して時間が余分にかかったり、そもそも結果が出ないということすらあります。

そこそこお金がある人や、ゆっくりコツコツやっていこうと思っている人は、一見それが強みなのですが、事業を行うという意味ではマイナスに働くことのほうが多くあります。

僕のセミナーに定年前のシニアの方が来ていました。まだ企業にお勤めで、独立をしたい、もう一花咲かせたいということでした。

セミナー終了後に言われたことがとても残念で印象的でした。ただ、シニアの方のマインドとしてとても多いのです。

「伊藤さん、本日のセミナーは本当に勉強になりました。他の人と異なりお金も少しあるし、時間も全然急いでいないので、ゆっくり自分のペースでやっていきます」と。

この「自分のペースで」という人は、多くが失敗します。事業は趣味とは異なり、お客様、競合がいる世界です。言いたいことはわかるのですが、そんなに甘いものではありません。シニア起業をして年間売上が数万円という人はたくさんいます。

お金があるのでお金のためでなく社会とのつながりがほしい、ボランティア的な形でもよいので自分の経験を生かして役に立ちたい、そう思っている人はよいのですが、事業としては成立せず持続しないので注意が必要です。

独立・起業を現実にする準備

ここでは特に重要な心構えを紹介します。

■そもそも本当にやりたいのか、という目的を問う

なぜ独立・起業したいのか、自らの力で稼ぐ力を身につけたいのか、という理由（WHY）を確認し続けることはとても大切です。自身のエンジンになるものです。**最初は自分の欲であっても全く問題ありません。**崇高な大義である必要はありません。しっかりと具体化しましょう。

■ハングリーでリスクテイクしている人と一緒にいる

環境があなたの常識やイメージをつくります。環境によって、あなたの当たり前もどんどん変わっていきます。**避けたいのは、あなたと似た人と一緒にいることです。**

マンガのキャラクターがわかりやすいと思います。たとえば『ワンピース』の登場人物、ウソップをご存じでしょうか。はじめはとても弱い、臆病者のキャラクターで、敵から逃げ出してしまうこともありました。しかし、主人公のルフィーや、ほかのハングリーでリスクテイクしているメンバーと一緒にい続けることで、どんどん実力を高め、懸賞金も上がってきています。

環境が人をつくるのです。

■具体的なアクションをタスク&スケジュールにして、進捗報告する

これは目標達成の極意ですが、1人でやらないということです。報告する相手は、目標達成のためにこのタイミングで何をすべきか、それはいつまでにどのようになっていればよいのか、ということをわかる人が適任です。すでに独立・起業を自ら経験している人にお願いすることがよいでしょう。

独立・起業のコンサルタント的な人や企業も増えていますが、玉石混交なのであまりオススメはしません。できたら、実際に一定の結果を出している現役の経営者にお願いするのがよいと思います。

そんな人は私のまわりにいませんと答える人が結構いますが、いないなら何とか探して、見つけてください。それだけです。それくらいのことができないのであれば独立・起業した後の試練を乗り越えられません。

■細分化して成功体験を早く積む

サラリーマン経験の長い人は、会社とは関係のない、あなた個人で、どんなことでも、何でもよいので成功体験を一刻も早く、積むことが大切です。

先に書いたような、自らのアクションで進捗報告できる人を見つけたということも成功体験になります。自ら企画して小さなイベントを開催してみたとか、事業計画書を誰かに相談しつつ、商品・サービスをつくってみたなど、アクション先行で、そのアクションの中で小さい成功体験をどんどん積みましょう。アクション先行型の人になることがとても大切です。

まとめ

1 未知な部分はリスクヘッジしにくいので、見える部分をリスクヘッジ

2 ゼロから事業モデルを構築する必要がないという意味で、スモールM＆Aとフランチャイズは似ている

3 独立・起業で一番難しいことは、何もないところから売上を立てること

4 すでに事業をやっているという意識があれば、一気に行動が具体化する

5 似ている人と一緒にいることは避ける

03

空き時間でとりあえず始めてみたけれど

［副業化］

一番の問題は、
本当にうまくやっている人に
会わないこと。

この章の
ポイント

会社員から一歩踏み出して、副業を始めてみましたという段階です。

副業といっても、人によってその目的は様々です。ただお金を稼ぎたい、将来的に独立、起業につなげたい……また、メルカリを使った物販や、ブログのアフィリエイトといった事業型副業から、自らの専門性（イラスト、小物作り、コンサルティングなど）を生かしちょっとフリーランスっぽくなってみる専門スキル型副業まで幅広くあります。

副業というものをどのように捉えるとうまくいくのか？　副業を成功に導くポイント、副業で失敗するポイントとは何でしょうか？

目的を明確に。すぐ始められるものを選ぶ

副業を始めようとする人の中には、**どの副業がよいのか、「何」をやるべきか、ということで迷ってしまって、結局スタートすることができない人が多くいます。**ここで取り上げる副業は、自らの専門スキルを生かした副業ではない、事業型副業を想定しています。

これは副業に限った話ではなく、起業でもよくある話です。もっと言ってしまえば、起業に限りません。

人生のいろいろな場面で結局はこの「何」探しに没頭する人が多くいます。「何」というのは本来は手段にすぎませんが、目的化してしまっているのです。

この「何」で迷ってしまう原因は、この2つです。

❶本来の目的から逆算できていない
❷選択の仕方として逆算的な視点を持っていない

「❶本来の目的からの逆算ができていない」から、少し掘り下げてみましょう。

確かに「何」の副業をするのか、ということは、とても重要であることに間違いありません。

そもそもなぜあなたが副業をしようと思ったのか、を考えてみましょう。様々な理由が考えられますが、次の3点のどれかにあてはまるのではないでしょうか。

- 時間があるので有効に使いたい
- お金を増やしたい
- 自分の力で稼ぐ力を身につけたい。そのための第一歩として

これらの背後にある目的をさらに深掘りして考えてみるとよいでしょう。

時間があるので有効に使いたい。新しく副業を始めよう。これは趣味の延長として

位置づけられる場合（趣味なのでコミットメントがあるというよりは楽しければよい）と、そうでなく自らの成長のために時間を使うという場合があります。

前者は趣味なので、自分の好きなことという軸で「何」を選択すればよいのです。あるいは、自分には「何」が合うのかという、多くの人が考える「何」探しをしたらよいと思います。これまでの経験の中で好きなもの、興味を持てるものから探すとか、今興味のあるものから探すという、自分の過去の時間軸に基づいた選択の仕方です。この場合だと、自分の好きな「何」を見つけることが一番大切です。

後者は、成長が目的です。では副業という種目での成長というのは、そもそもどういうことでしょうか？

03
空き時間でとりあえず始めてみたけれど
【副業化】

自分の興味を捨て、世の中の関心へ

副業の特質としては、たとえ趣味的なものであっても、お金を払って「何か」を学ぶのではなく、お金をもらって「何か」を提供することです。　つまり副業という種目での成長というのは、知識が増えて自己満足的に成長するということでなく、誰かが「何か」を買ってくれたということにいきつくわけです。

副業を始めたばかりの頃は、誰かが「何か」を買ってくれることがありません。それができるようになることが一番重要なことだということです。そのような目的に気づくことができると「何」の意味や選び方が少し変わってきます。

「**2**選択の仕方として逆算的な視点を持っていない」がここで登場します。つまり、この成長を実現させることが目的なので、自分軸で何をやるかという観点も考慮しつつも（絶対にやりたくないことや嫌いなものではモチベーションが保てないので）、

「何」を選べば一番早く結果を出せるのか、という観点で「何」を選ぶことが大切になるのです。

つまり、世の中の興味や、客観的にマーケットを見たときにホットな「何」や、これから大きくなっていくであろう「何」から逆算して客観的に選択をしていくということです。自分の興味・関心という軸ではありません。客観的な観点という軸を持つということです。

この客観的かつ、ゴールから逆算して最短最速の道を選ぶということが「何」選びの王道ですが、これが苦手な人が多くいます。

あなたのまわりにも、忙しくても仕事をうまくこなす人や、目的地にたどり着くのが早い人が必ずいると思いますが、その人は逆算的な視点を常に持ち合わせています。

「何」選びで正解に至ることは重要ではなく、結局は、自分の成長、自分で稼ぐ力を身につけることが最も重要なわけです。「何」の選択を間違えたとしても、すぐに次の「何」に変えたらいいのです。

「何」は状況に応じて変えられるということも知っておきましょう。「何」に固執してしまう人は「何」を変えられるということや、やり直せるということをわかっていません。一度「何」を選んだらもう終わりというふうに思ってしまっています。

実際の事業においても、よい経営者ほど、ダメだと思ったときに手段を変えるスピードが速いということがあります。あくまでも「何」は手段です。「何」に固執することはやめましょう。

ここの柔軟性や自由度の理解もとても大切になります。たとえ失敗しても、致命傷でなくかすり傷であれば問題ないのです。

副業の最初のゴールは失敗すること

副業という種目の特性は、会社を辞めて独立する起業に比べて、経済的なリスクがあまりないということです。

経済面における致命的な失敗ということがないので、将来的に副業から、独立・起業をしようと思っている人は、この副業の特性を存分に生かすべきです。つまり、失敗を気にせず、早く失敗することがとても大切です。

失敗は間違いなく成功のもとです。独立・起業してうまく事業を進めている人ほど体感していることです。

当然のことですが、動かなければ失敗はありません。いろいろとやってみて失敗するということが大切です。

うまくいかないことがたくさんある中で、PDCAサイクルを回して、どうやったらうまくできるのかを考えることが成長につながります。

この失敗と成長ができれば、副業を「何」にするかという「何」は「何」だってよいというのが僕の結論です。

つまりは副業をやることとの本当の意味や目的と、今の段階（たとえば、副業開始から0～3カ月）はどのようなことが本当のゴールなのか、といった理解がとても重要になります。

03

空き時間でとりあえず始めてみたけれど

【副業化】

失敗

流行っているから自分もできると勘違い

あなたのまわりで、副業を始める人が増えているのではないでしょうか。なんとなくその流れに乗って自分もうまくできるのでは、と思っている人は、ちょっと注意が必要です。

今の会社の将来性がないとか、まわりが副業で稼いでいるからという理由で副業を始める場合、たいていの場合は想定が甘く、失敗をしがちです。

副業というと言葉的にも、価値観的にも、雰囲気的にも軽い印象があり、すぐに始められてリスクがない、今っぽいものという感じがします。それは正しい面もあります。

副業というのは、結局は個人事業主のことです。

「よし、副業をしよう」を「よし、個人事業主になろう」と言い換えてみてください。少し見方が変わると思います。結局、副業というのは独立、起業なのです。

もちろん副業の場合には、独立、起業の場合と異なり、稼がないといけない金額や時期というものが異なるでしょう。経済的に切羽詰まるというようなことはないでしょうから、そこが決定的に違います。

とはいえ、市場や取引先から見たら、副業であっても、1つの事業を自らの責任でやっているのです。

技術より コミュニケーション能力が大事

一般に、自らの専門スキルを生かして副業をスタートすることが多いです。基本的には専門職の人が多く、僕自身もライター、エンジニア、デザイナー、カメラマン、動画編集、トレーナー、美容師、料理人など多数の副業者と仕事をした経験があります。本当に簡単に副業ができる世の中になってきています。

副業者に業務を発注する企業の多くは、コストが安いからという意味合いで副業者を捉えています。また、副業者への仕事の発注の仕方としてもクラウドソーシングなどのサービスを活用しての発注が多くあります。他にも、副業者を抱えている会社が紹介することもあります。

つまり、副業者を取り巻く基本的な構図として、次の2点が重要です。

1 安さを求めている発注者から仕事が発注される
2 知らない人同士のオンライン上のやりとりで仕事を進めていく

ちなみに、僕の会社でも、現在進行形で副業者の方に仕事を発注していますが、お会いしたことがない方がほとんどです。メールやメッセージのみで仕事のやりとりをしています。

リモートのやりとりのみで、会ったこともない人たち同士が仕事をしていく場合、求められるコミュニケーションのハードルは高くなります。簡単な仕事（誰が見ても、どのようにすべきか答えがわかるような仕事）であれば問題ありませんが、少しでも解釈が入ってしまうような仕事になると難度は一気に上がります。

発注側の要件がしっかりと定義されていない場合、往々にして事故が起きます。たとえば、ウェブデザインの仕事をイメージしてほしいのですが、発注側がこういうデザインにしてほしいという案が、確定したものであれば齟齬はないでしょう。しかし、カッコいい感じでお願いしますとか、涼しげな青色ベースでお願いします、お任せしますなど実質的に定義されていないことが結構あります。

自分の感覚と相手の感覚は絶対に違いますし、ずっと一緒に仕事をしてきている人たちならともかく（そうであってもずれることは多々あります）、相手は全く知らない人で、これまでの経緯なども知らないのです。

顔を合わせないやりとりでは、通常以上に仕事の見える化＝ホウレンソウが求められます。このホウレンソウをはじめ、相手の意向を汲み取り、完成物を作り上げるというのはコミュニケーション力そのものです。

副業者は専門職寄りの人が多いため、どうしても技術偏重になりがちです。

会社に所属している限りは、技術を常に必要としてくれる人がいて、仕事を発注してくれていました。加えて、社内相手の業務も多いので、不明点があってもすぐに会って確認できていました。つまり自分の仕事は全体の中で必要なピースの1つでよかったわけですが、副業者になった瞬間、独立・起業と同じ特有の役割が生じるわけです。

- 営業活動
- 契約前後の仕事の明確な要件定義
- 契約後の仕事の進め方
- 納品
- その後のサポート

などです。

それぞれ副業者としての専門的なスキルと同程度、コミュニケーション力が求められます。コミュニケーションができない人はやっていけません。

上位1%のスキルがあれば

基本的に専門スキルがあることを前提に話をしていますが、そもそもマーケットが期待する専門スキルがなければ、全く仕事にはならないでしょう。ただ、専門スキルがあったとしてもマーケットから選ばれることは別問題です。

あなたが業界で上位1%レベルの専門的なスキルと実績を持つような人であれば、コミュニケーション部分については問われないでしょう。期待されているのが安さではなく、技術にあるからです。また、上位1%の専門職に発注できるような会社であれば、発注者としても経験が豊富です。

多くの場合、副業者自らがコミュニケーションを主導しなくてはいけません。営業〜やりとり〜納品〜満足まで、あなたのコミュニケーションが全てを決めます。

よい仕事＝自分の専門スキルを出せた、ではありません。

よい仕事＝お客さんが満足する、ということでなくてはいけません。

また、あなたの専門スキルだけではクライアントの課題を解決できないケースも多々あります。

そのため、あなたは、クライアントが依頼しているあなた以外の副業者やフリーランスの人と共同で案件に関わるかもしれませんし、あなた自身がどんどん案件を進めていく中で、チームをつくって問題解決に臨むことになるかもしれません。

しかもクライアントや、一緒に連携してやっていく副業者、フリーランスなど、基本はオンラインで、メッセージ中心でやりとりしていくわけです。どれだけコミュニケーションが重要か、わかっていただけると思います。

個の時代といわれていますが、個では問題解決できないことも当然のようにあるのです。個がフォーカスされる時代＝個のコミュニケーションがフォーカスされる時代になっているということです。

失敗

他の副業者やフリーランスが足を引っ張る

副業者やフリーランスの人の数が増えています。それはレベルの低い副業者、フリーランスも増えているということです。他の副業者、フリーランスに足を引っ張られて失敗するということもよく耳にするケースです。今後も増えていくでしょう。

副業者、フリーランスのレベルが低いとは、この2つの意味合いで言われます。

1人として、ビジネスパーソンとしてのレベルが低いという意味

2専門スキルのレベルが低いという意味

1人として、ビジネスパーソンとしてのレベルが低いというのは、できないことをできると言って結局できない、連絡が取れなくなる、期限を守らない、義務を履行し

ていないのに権利ばかり主張する（仕事として完成していないのに終わったということでお金を要求してくるなど）、コミュニケーションのコストが高い（連絡が遅い、3回くらい聞かないと事実にたどり着かないなど）などです。

❷専門スキルのレベルが低いというのは、野球にたとえると、ピッチャーとして130キロのストレートを投げられることを入団条件としているのに、100キロそこそこしか投げることができない人が嘘をついて入団したという状況です。そもそも、相手が想定しているスペックを満たさないということです。

どちらの意味でもレベルの低い副業者、フリーランスは本当にたくさんいます（驚きますよ！）。

そのため、あなたがそのようなレベルの低い副業者、フリーランスと知らず、提携したり事業を一緒に進めたりなどと付き合ってしまうことは結構あります。事業者、発注者としての経験が上がっていかないと、なかなか見る目が養われません。

その結果、悪夢を見ることがあります。

これはあなたの経験や、やり方にも原因があります。仕事を受発注する、連携先を探す、仲間をみつける、といった全てに共通しているのですが、人のチェックがあまりにも緩い人を多く見てきました。

商品やサービスそのものに関わる部分は、関わる人に対するチェックはどれだけ厳しくても、厳しすぎることはない重要事項です。

連携相手のレベルチェックリスト

■コミュニケーションに違和感がないか

何かがかみ合わない、返信のスピードが遅い、夜間ばかり返信がある（返信が合理的な理由を除いて特定時間に固まっている）、会ったときテンションがおかしい、などは要注意です。

■メール以外のツールは使えるか

今の時代はSNSのメッセンジャー機能などでコミュニケーションがとれますから、コミュニケーションツールがメールだけ、などという人は付き合うことを少し遠慮したほうがいいと思います。

特にフリーランス同士は、リモートでのコミュニケーションが中心になります。コミュニケーションが楽な相手のほうがやりやすいでしょう。また、あなた自身がよく使っているツールを使うことができるか、といったすり合わせも大切です。

■小さい約束でも守れるか

遅刻するとか、送付することになっていたファイルを寄越さないとか、些細なことを守れない人とは絶対に付き合わないことです。相手が独立しているフリーランスであれば、なおのことです。自分で事業をやっていて約束を守らないという人は、絶対にNGです。

■実績を盛っていないか

特にIT系の方に過去の実績を尋ねると、所属していた会社でのプロジェクトの成功などをアピールする人が多いです。その人の担当していたパート、その人が今でも再現性高くできることは何かをしっかりと聞きましょう。プロフィールや実績、できることを「盛っている」人はたくさんいます。事実を厳しく見るべきです。

また、その仕事にかかった時間を正確に把握することも重要です。よくあることですが「この仕事と成果物のレベルだったら、この人のプロフィールからすると3時間程度で仕上げられるだろうな」と期待していたところ、実際は8時間程度かかったということもあります。これは結果として納品のスピードを下げ、原価も高くなってしまいます。十分に注意してください。

チェックした上での防御策

■契約書をしっかりと交わす

面倒だと思ってしまったり、あまりに意気投合したので何の問題もないと思ってしまった。契約書の締結が当たり前のことになっていない……

結果として、言った、言わないという水掛け論になってしまい、収拾がつかず、諦めて泣き寝入りしたり、無駄な労力を使うことが多々あります。仕事の範囲を明確にして、しっかりと契約書を結ぶことです。

報酬などの決め方も曖昧な部分を残さないようにしましょう。時間給の場合には、ミーティングや移動時間は稼働扱いになるのか、移動にかかった交通費は計上するのかなど、細かい部分で揉めたりします。

■小さい仕事から依頼

当たり前ですが、まずは小さく、何が起きても挽回ができる、トラブルにならないような仕事から依頼をするようにしましょう。いくら信頼できる人の紹介であっても同様です。何があるか本当に一寸先は闇です。

■進捗報告を毎日出させる

これは、仕事の仕方として受発注どちらの立場になっても意識するとよいでしょう。特にあなたが受注者で、その受注した案件を一部でも誰かにやってもらう場合には、明確な報告などのルールを定めるべきです。放置は絶対にダメです。決してよい結果にはなりません。

また、相手に遠慮してはいけません。あなたの仕事である場合には、あなたが全責任を負っているのですから、あなたのやりやすい方法で進捗管理を行いましょう。

■リスクヘッジのリスクヘッジで別の人も確保

商品・サービスを納品する場合、何が起きても絶対に納品できるようにしないといけません。そのため、パートナーや連携先など十二分なネットワークを確保しておくべきです。

納品が間に合わないため追加でフリーランスに依頼するような場合、緊急登板のため実力がわからないということもあります。この場合、よく事故が起こるので注意が必要です。

また、急いでいるときや焦っているときほど、初期に行うべき確認事項（この連携先チェックなど）を確認していなかったという原因で揉めます。そのためにも、日頃から小さな仕事をお願いするなど、実力やコミュニケーション面で馴れている人を確保しておくことも、とても大切です。

■近いところの人に注意

ちょっと知っている学生時代の先輩や、同じコミュニティーの人、旦那さんの知り合いなど、何でもよいのですが、ちょっと知っている人との仕事というのは気をつけるべきです。どうしても脇が甘くなってしまい、失敗する傾向にあります。

失敗の原因というのは先に書いたスキルの不足によるものが圧倒的に多いです。また、近いということで、仕事上のミスなどに対して注意をしにくいのです。そのことによってあなた自身のストレスがたまっていき、頭痛の種となっていくでしょう。

一見すると協力者に見えるような近い人というのは、こういった弊害があります。連携する場合は、先にあげたチェック項目をしっかりと確認しましょう。

何となく協力するよという人はたくさんいます。現れます。事業を開始したばかりのとき、1人で心細いのでそうした申し出は嬉しくなってしまいますが、鵜呑みにしないよう、注意が必要です。

失敗

契約内容を固めすぎると「試合に勝って、勝負に負ける」

目に見えないものを扱っている方には経験があると思いますが、顧客とのやりとりの中で、言った、言わないの問題が起きたり、相手の気分で仕事の要件が変わることが多々あります。こちらとしては打ち合わせで決まった内容で進めて、ここから先は変更できませんと仕切ったのに、完成品を提出すると「やっぱりイメージが違うのでやり直してほしい」などと言われてしまう……。

このようなことがあると、当然、自分の仕事や役割の範囲を明確にしたくなるわけです。そうしないと仕事が終わらない。無限に増えていく。それはそれで正しいのですが、行き過ぎの人が結構います。

たとえば「デザインを提出してからの訂正は1回までしか受け付けません、それ以上だと追加で○○円かかります」と設定しました。

こういう人に限って、たとえば、数分で終わるような微修正や、ファイルの形式を変更するといった小さなことですら「それは本来はできないことで、追加のお金がかかるんですよね」ということを口走ってしまうわけです。言われた側は、数分で終わることなのに……と思ってしまい、次回以降の仕事自体をこの人にお願いしなくなってしまいます。

この人は、自分の仕事を、言われたことをただこなすことだと思ってしまっているのです。実際にかなりの量の追加で、時間のかかることであれば、追加料金をもらって対応すればよいかと思います。**すぐに片付くようなことでも杓子定規な対応をしてしまうと、「試合に勝って、勝負に負ける」ことになります。**

事業上の責任・賠償を甘く見てはいけない

仕事の範囲を具体的に決めていなかった結果、クライアントと揉めたというフリーランスの話を、毎日のようにSNS上で目にします。

僕のセミナーに参加してくれた、独立1年目のデザイナーが、SNSにクライアントとのトラブルを書いていました。クライアントが決まった以上の要求をしてきたので追加の料金を請求したところ、期限が間に合っていないということで料金を支払ってくれない。それどころか、損害が出ているのでその損害を補填しろと言ってきた、そういった内容でした。その後、弁護士を立てて争っているそうです。

こんなことを1年目で迎えてしまうとモチベーションがそがれてしまいます。この人の場合、このトラブルをSNSに投稿したことも稚拙です。わざわざ投稿するようなことではありません。真偽がどうであれSNSでクライアントの悪口を言い、独立して早々にトラブルをつくってしまったということです。

失敗

時間売りの限界

フリーランスの事業というのは、大抵がその人自身がソリューション（商品・サービス）であることが多いです。その人が専門スキルを持って解決するので、その人が稼働しなければいけません。

そのため仕事が1つ決まると、納品にあたって、この人の一定の時間が必ずかかるわけです。この場合、基本的には、かかる時間に対して報酬を決めるので、結果として時間売りの構図になります。

時間売りの場合には、独立後、当面は自分の時間給を高めていくことになっていきます。また、基本的には売上（＝時間給×月の稼働時間ですが、月の稼働時間は限界があります）には限界が出てしまいます。

時間給を上げていくことがずっとできるという人もほとんどいませんので、どこかで必ず天井が来ます。また、あなた以外の人が同等の商品やサービスを納品できるかというと、クライアントがあなたでないとダメだと嫌がったり、そもそもあなたでないと納品できないという状況になりがちです。

稼働時間を下げてしまうと売上が下がるという構図なので注意が必要です。売上を上げるために無理をしすぎて体調を崩してしまったり、プライベートが一切なくなってしまうということもよくあります。

時間売りのビジネスは簡単に始められる分、事業のモデルとしては限界が決まっている、問題がとてもわかりやすいものです。始める際はしっかり検討しましょう。

03

空き時間でとりあえず始めてみたけれど

【副業化】

まとめ

1 趣味的な副業でも、お金をもらって「何か」を提供する

2 失敗と成長ができれば、副業を「何」にするかという「何」は「何」だってよい

3 個のコミュニケーションがフォーカスされる時代になっている

4 商品やサービスそのものに関わる部分は、関わる人に対するチェックはどれだけ厳しくても、厳しすぎることはない

5 時間売りのビジネスは簡単に始められる分、事業のモデルとしては限界が決まっている

04

5年後の前に今を考えよう

[事業化準備]

起業は目的ではない。
人生をどうしたいか、
その手段にすぎない。

この章のポイント

おおむね半年後に独立・起業という段階です。

この段階では、本当に意味のある時間の使い方ができるか、準備を確実に前進させることができるか、ということが重要です。特に、独立・起業を考える人の多くが最も苦手とする「意思決定」をする場面が多くなります。

意思決定をしないということは何もしないということと同義ですから、何も前進しません。

また、いろいろな調整事項も出てきます。会社、家族、資金調達、事業自体など、いろいろな方面で動きがあります。こういった中で、優先順位を間違えてしまう人が多くいます。

失敗
アイデアにこだわりすぎ

これは独立・起業前の人にありがちな話です。

「アイデア大喜利」に終始してしまっている人が多くいます。「アイデア大喜利」とは、アイデアをあれこれ出すことが目的となり、アイデア貧乏のようになっている状態を言います。

事業に関するアイデアを出すことは、とても重要なことなので否定はしません。毎日考えるべきですし、ブラッシュアップしていくべきです。

アイデア出しというのはとても楽しいことです。気の合う仲間とアイデアを議論しているときも楽しいでしょう。しかし、アイデア自体の素晴らしさには意味はありません。なぜなら、アイデアは形にしたときに初めて意味を持つからです。

独立・起業前の人に圧倒的に足りないのは、アイデアを形にするためのアクションです。事業を進めながらアイデアを広げていくということにフォーカスしましょう。

アイデアの良し悪しにこだわりすぎてはいけません。

ビジネスコンテストで優勝した事業がうまくいくわけではないという話がありま す。僕もよく審査員をするのでわかりますが、ビジネスコンテストには、審査員自体の問題と、そもそもそのアイデアを形にすることの難しさと、実際にやる人の力量の問題が含まれています。

失敗

お客様に会わない

独立・起業前でも、ちょっと自分の商品やサービスが売れ始めたときでも、どのタイミングであっても重要なことがあります。それは、お客様に会うことです。うまくいっていない人は、お客様に会うことが圧倒的に不足しています。

独立・起業したが、お客様が全くいない。暇をしている。こんな状態でまずやるべきことは、お客様に会うことなのに、全く会っていないという人がいました。たとえば、お客様に1カ月で100人会うことを目標にして、どうしたらその目標が達成できるかを考えるべきです。**事業の調子の良し悪しはお客様と過ごしている時間に比例します。**

とにかくお客様に会いに行きましょう。どうやったらお客様にもっと多く会えるか、それを考えること自体がマーケティングにもつながります。

独立・起業前の段階で大切なこともまた、お客様に会うことです。お客様が本当に課題だと思っていることを教えてもらえたり、他のお客様を紹介してもらえたり、ラッキーなことに気に入られて、まだ完成していない商品やサービスを予約購入してくれるかもしれません。

失敗 1社に頼り切る

あなたが会社勤めだとします。

あなたの勤めている会社のある取引先A社は付き合いも長く、安定的に仕事を発注してくれています。あなたはその担当者です。A社は、あなたが独立した場合、もちろんあなたに仕事を発注します、と言うのです。このA社から受注している仕事だけでも、今の月収を十分超えることができるので、これは千載一遇のチャンスだといって独立を急ぐわけです。

また、こういうケースもあります。独立した後に必死に営業をしてB社を開拓しました。B社はまとまった金額を安定して発注してくれます。納品作業もあるので、このB社の仕事だけで時間が埋まり、B社との関係も良好なので新規の営業などもしていませんでした。

よくある話ですが、実際には仕事の発注がないとか、突然、翌月以降の仕事がなくなるとか、仕事の発注が半分くらいになってしまうと告げられることがあります。

1社に頼るということは絶対に避けるべきです。

独立、起業時の算段としてそもそも甘いですし、独立後にそのような状況になってしまっていたら、すぐに改善をしていかなくてはいけません。

失敗

質問のレベルが低すぎて答えがもらえない

よく相談を受けるのですが、独立・起業を考えている人の質問のレベルの低さや前提条件のなさに驚くことがあります。

相談の際に僕がよく聞くのは、「それは本当ですか?」ということです。これは、主観的な感想なのか客観的な事実なのかを聞いています。

質問してきた方が、「絶対に私の商品やサービスはよいので、お客様に知ってもらえさえすれば売れるんです」ということを言います。そこで、僕は「それは本当ですか?」と聞くわけです。これは疑っているわけではなく、誰がそう言っているのか、思っているのかがとても大切なわけです。自分が主観的にそう思っているだけなのか、客観的にお客様候補50人にそのように言われているのかでは、状況は全く違います。

このようなやりとりを繰り返し、「本当ですか？」「それは誰が言っているんですか？」「事実ですか？　あなたがそう思っているだけですか？」などと話していると、自分の事業を否定されたという気持ちになって怒る方や自信をなくす方がたまにいます。相談者に応じて、僕もわざと厳しい言い方をしたり、質問を投げかけます。特に外部から資金調達を考えているような人の場合には、投資家から厳しい質問が浴びせられることもありますから、その練習も兼ねて僕がわざとやったりするわけです。投資家だけでなく、厳しいお客様もたくさんいます。どのような状況であっても話に引き込むことや、相手に納得してもらえるようにしておく必要があります。

プロでない人のコメントは感想にすぎない

人は往々にして、何かを尋ねられたり、頼られると嬉しくて、知らないことであっても、お節介にアドバイスをしたがるものです。

独立・起業を考える人というのは、独立・起業にあたって、誰に相談をしていると思いますか？

中小企業白書によると、「家族」という回答が1位にありました。僕はこの結果を見たときに絶望的な気持ちになりました。

どのような分野でもそうですが、何かをしようと思った場合に「やったことのない人」に相談することは無駄だと思っています。

たとえば、ユニバーサル・スタジオ・ジャパン（ＵＳＪ）に行ったことのない人に、ＵＳＪってどうですかね？　どのアトラクションが面白いですかね？　などと聞いても何の意味もありませんよね。でも、独立・起業を考えている人の多くが、独立・起業をしていない人、したことがない人に相談をしています。

相談相手がプロや経験者でない場合には、その相手が言うことは、ただの主観的な感想だと思ったほうがいいでしょう。それをどこまで参考にするかは注意が必要です。一般論や、一ユーザーとしての感想という受け取り方もよいと思います。

手続きや法律の専門家に事業自体の相談をするということも多々あります。税理士や行政書士、司法書士といった専門家は会社設立などを手伝ってくれますが、手続きの専門家であって、事業の専門家ではありません。

また、起業支援コンサルタントをうたっているものの、そのコンサルタントや起業スクールなどを運営している人自身がうまくいっていないということもあります。

支援を依頼するのであれば、どの程度、力がある人なのか、実際の経験、ノウハウ、成果に着目し、見極めないといけません。起業支援の情報商材も激増していますが、詐欺的なものもたくさんあります。

相談相手のレベルが低いと、何の事実にも基づかない、本人の主観であなたの事業が否定されることもあります。たとえば、「自分の経験上、あなたと似たようなビジネスをやって失敗した人がいる」からうまくいかないと結論づけたりします。当たり前ですが、似たようなビジネスをやって失敗した人がいるなら、なぜその人が失敗したのか、という原因分析が大切です。

他にも、事業モデルへの客観的なアドバイスではなく、自分の専門領域や得意なところに誘導したり、事業とは関係ないところの話に終始したり、やたらと価格設定に注文をつけたり……こういった悲劇は、質問者の情報の出し方、聞き方にも原因があります。

自分側の情報を整理していないことで、情報に大きな不足があるまま、相談相手が憶測でコメントしてしまうことがあります。「今日聞きたいのは、この部分です」「サービス展開について3パターンあると思っていて、1はこう、2はこう、3はこうで、今は2がベストだと思っています。なぜなら……」「……と思っていますが、いかがですか?」など、個別化、具体化して相談、質問したほうがいいと思います。

よい質問ができないと、相手からよい回答を引き出すことはできません。

無料相談には要注意!

無料で相談をお願いしているのか、有料で相談をお願いしているのかということも回答の差を分ける点です。

僕が、事業相談を個別で受けるとなると、正直な感想としては「重いな」と思ってしまいます。その人の考えていることを全て理解し、その人自体を理解し、場合によってはチームを理解し、マーケットを理解しないといけないからです。これは相当に時間がかかります。質問者は不安なので、とにかくコメントをほしがりますが、適切にコメントしようとすると相当な時間がかかります。

そのため、プロであればあるほど、「無料」「60分」といった条件の相談に対しては、慎重になります。最低限の一般論や確率的な話、主観的な感覚であればいくらでもできますが、実際的なコメントは難しいということです。

家族への説明で押さえるべき4つのポイント

独立・起業を考えた場合の家族への説明の仕方というのは、意外と重要なポイントです。

家族の一番の心配は、自分たちの生活がどうなるのかです。言い換えれば、事業を行った結果として、今の生活がどのように変わるのかということです。ここがうまく説明できるかどうかがポイントです。

主に、この4つの観点があります。

1 事業全般にかかるお金
2 収入
3 時間
4 家族のやること

1 事業全般にかかるお金

事業全般にかかる費用がどれくらいで、誰がどのように捻出するか。事業自体にはほぼお金がかからない場合（初期費用や固定費用などがかからない場合）は、さほど問題にはならず、本当にお客様を集められるかどうかが焦点になります。

事業全般に初期費用がかかる場合、貯金を崩して出すのか、銀行などから借入をするのかが焦点になります。家賃などの固定費がある場合には、売上が出なければジワジワと借金になっていきます。

2 収入

収入についてはわかりやすいです。今の収入が○○○円。独立・起業するとこれが●●●円になるということです。当たり前ですが独立・起業後の●●●円というのは、予定にすぎないので、その数字の根拠やリアルさがとても大切です。

また、必ず時間軸を入れることも忘れてはいけません。初年度はこう、次年度以降はこうであるという計画的な説明をするとよいでしょう。

この収入面は、必ず最悪のシナリオを前提に話をすることがよいと思います。うまくいくかどうかというのはわからないため、どんなに悪くてもこの程度だというコミュニケーションのほうが結果としてよいです。その最悪のシナリオであっても、今の家族の生活がさほど変わらないということであれば問題ないでしょう。家族の生活を変えなくてはいけない場合には、具体的に何を変えることがよいのかを家族と一緒に考えることがよいと思います。

3 時間

独立・起業すると働き方などが大きく変わります。これも最悪のシナリオで伝えることがよいと思います。「今は朝8時に家を出て20時には帰る。土日は休み」これが「朝8時に家を出て、帰りは未知で、土日も当分はずっと仕事になるものの、月2回は必ず半日家族の時間や家族の行事などを優先する」などといった伝え方がよいと思います。

4 家族のやること

独立・起業にあたって、家族にも何か仕事を受け持ってほしいのか、何もしなくていいのかということです。

「事業全般にかかるお金」「収入」「時間」については、家族に直結する話なので、家族の目線に立って、理解しやすい形で落としどころなどを考えるべきです。

共通して、最悪のシナリオを想定しておくことが大切だと思います。楽観的な計画は家族に対しては必要ありません。最悪のシナリオをつくっておくことが大切です。

失敗 抽象的な事業計画をつくりこんでしまう

事業計画書の多くが、とても抽象的、主観的、自分の想いや思い込みがとても強いものになりがちです。

事業計画書そのものに、さほどの意味はありません。事業計画書の意味というのは、そのものではなく、作成することを通じて、自分の想定していなかったことが見えるようになったり、スケジュールに落としこむことで、やるべきことがクリアになるということです。

今後の業界がどうなっていくのか、自分の考えている事業の強みは競合他社と比較して強みであり続けることができるのか、最新の技術を活用できないか、何か根本的な見落としがないか、本当に競合に勝てるのか、など客観的な目線も入れながらつくっていけるとよいでしょう。

事業計画書は一般論をまとめても意味がありません。とにかく具体的であるべきです。数字の精度を上げることや、スケジュールを明確に決めること、誰がそのアクションを担当するのかまで決めることも大切です。

社会人歴が長い人、自信のない人、頭のよい人にとてもよく見られますが、事業計画書にこだわりすぎる方が多いです。事業計画書をつくることそのものが目的になっていて、事業計画書をつくればうまくいくと思っていたり、事業計画書ができていないと不安になったりという人がいます。

熟練の経営者であればともかく、事業をやったことのない素人が、全く未知の世界の経営や未来のことを、どれだけ正確に想像できるでしょうか？　事業計画書が重要でないということを言っているわけではありません。やることがたくさんある中で、時間のかけ方を間違えてはいけないという意味です。

事業計画書は、事業を成功させるという目的に対する手段です。極端なことを言えば、事業計画書がなくてもうまくいけばそれでよいわけです。つまり、一番大切なことはうまくいくことです。

うまくいくためにはどうしたらいいのかを逆算して、今何が一番足りないのかを考えるということが重要です。

失敗

事業に強みがないのに始めてしまった

事業上の強みを持っていない人がいます。特段の強みや買うべき理由が見当たらない商品、サービスというのはかなりあります。

何げなくランチで入ったお店で、特別美味しくもない、値段が特に安いわけでもないようなお店。あの感覚です。僕からするとなぜこのレベルで事業を続けているのかと本当に不思議になるわけです。何も考えていないのかもしれないし、これからどうしていくのか、お節介ですが不安になります。

こうしたタイプはとにかく独立したい、あるいは事業をやりたくて、やりたくて、独立・起業を目的にして、全く準備をしてこなかった人、付き合いのネットワークが狭い人に多くいます。

自分の商品、サービスの実力がわかっていないのです。自分が消費者になったとして、なぜそれを買うのかということを徹底的に考えるべきです。同時に、なぜそれを買わないのかも考えてみてください。買わない理由が大量に出てくると思います。

事業を進める当人というのは、主観的で思い込みが強く、自分にとって有利なように物事を理解し、解釈するので、このような事業の強みだとか売れる理由ということにとても甘くなりがちです。

商品やサービスが売れる理由というのは、考えても考えても終わりがなく、常に進化させていかなくてはいけません。厳しく客観的に見ましょう。

あなたの事業は特殊でも複雑でもない

独立・起業する人によくあることですが、自分のやろうとしている事業が特殊だとか複雑だと思っている人が意外と多くいます。

なんとなく特別とか特殊ということでカッコつけたいのか、本当にそのように思っているのかはわかりませんが、「自分のやろうとしていることはちょっと特殊で」とか「このサービスは複雑で難しいんです」などと開口一番言います。本当によく遭遇しますが、決定的に間違っています。

自分の事業を特殊だとか、複雑だと思ってはいけないのです。どれだけ特殊で複雑であっても、それを簡単にして誰にでもわかるようにするのがあなたの仕事だからです。特殊だから売れなくても仕方ないとか、複雑だから理解されにくいとかというのは、言い訳のはじまりです。

このような人の多くは、これまでの経験が特定の領域に限定されていたり、付き合う人が硬直化していたり、まわりの意見を素直に受け入れることをしません。そのように頑なになってしまうと、事業としても柔軟性を失ってしまいます。

繰り返しますが、簡単にして誰でもすぐに理解できるようにするのがあなたの仕事です。

失敗

他社を真似しないで苦戦

他社を真似することは絶対にしなくてはいけません。というくらいのことをあえて言っておきます。これはウェブサイトを仕組みごとコピーしろとか、似た名前のサービスをつくれと言っているのではありません。競合他社を徹底的にベンチマークすべきということです。

事業というのは、限られたリソースの中で、最大の結果を生み出すことが求められます。あなたは、最速最短で結果を出そうと思った場合、どうしますか?

最初に答えを知る。答えを知った上で、自分に足りないものを積み上げていくことが正解だと思います。

ここでの答えというのは、**すでにうまくやっている人や会社がどのようにやっているのかを正確に知るということです。**

つまり、競合他社のことを徹底的に知るということです。知った上で、**明らかに優れている部分や、正解だと思うことに対しては、真似をするべきだと思います。**正解、つまり先行する競合他社によって、商品や、サービスが売れていて、お客様が満足している現状がもうあるわけです。まずはそれを知るべきで、どんどん取り入れて、参考にするべきです。

競合他社がその正解にたどり着くまでには、途方もない時間をかけて、試行錯誤をしています。独力でそこまで行き着くためには相当なPDCAを回さないといけないかもしれません。その時間を大幅にショートカットできるわけです。

他社を真似するということに抵抗がある人もいるかもしれませんが、事業においては極めて当たり前ですので気にしないでいいです。あなたも事業がうまくいったら、すぐに真似されることになります。

ソフトバンクの創業者である孫正義さんの経営手法がタイムマシーン経営と評されることがあります。タイムマシーン経営の意味は、（アメリカは日本の10年先をいっているということで）アメリカで流行ったものや流行りそうなものを日本に最初に持ってきて事業をするということを指しています。

これもある意味、答えを先に知って、足りないものを積み上げていくという方法です。あのスティーブ・ジョブズだって、世界的な大ヒット商品であるｉＰｏｄの開発にあたって、ＳＯＮＹのウォークマンを徹底的に分解し、参考にしたのは有名な話です。

アイデアというのは、ゼロから生まれるものではありません。必ず何かの延長や何かがベースになっているものです。競合他社を徹底的に知ること、よいところはどんどん取り入れましょう。

04

5年後の前に今を考えよう

【事業化準備】

起業後に必要になることを先にやっておく

独立・起業した後というのは想像が難しいと思います。毎日、何が起こるかわからないくらい忙しくなります。言い換えれば、忙しくないというのは相当よくないことです。

独立・起業前の準備中の人によく会いますが、せっかく時間があるのに、その時間の使い方が極めてもったいないと感じることがあります。そもそも準備なんて思うな、常に本番だと前に言いましたが。

では、よい準備とはどういうものでしょうか。

1つは、独立・起業後に必ず必要になり、物理的に時間がかかることを、この準備期間で終わらせてしまうということがあります。

特に、独立・起業していなくてもできるマーケティング、そして営業活動を徹底的

にやる。

たとえば、競合を徹底的に分析した結果、競合はウェブサイトからの集客・受注が多いということがわかった場合、あなたもウェブサイトからの集客を主軸にマーケティングをしようと考えるでしょう。

ウェブサイトで集客を行う場合、ウェブサイトを訪れる人の数を増やす（客数を増やす）ことと、訪問者の問い合わせや依頼の数を増やす（問い合わせや依頼が発生する確率を上げる）というこの2つの数字が大切であることがわかります。

自分のウェブサイトが検索結果の上位に表示されるようにすることをSEO（Search Engine Optimization）対策といいますが、SEO対策の王道として、ウェブサイトをこまめに更新することや、情報の量や質を徹底的に上げていくことがあります。

結果を出す人はブログを書いている

この情報の量や質というのは、主にブログの形でアピールすることが定番です。たとえば、自分の得意領域について、他者が役に立つようなブログを大量に書く（量）、独自の目線やノウハウを記事にする（質）というイメージです。これをしっかりとやっていくことができると、あなたの得意領域に関連するキーワードであなたのウェブサイトが検索結果の上位に表示されるようになり、訪れる人が増えていくわけです。結果としてよい商品、サービスがあれば、問い合わせ、依頼となっていくのです。

ここで大切なことがあります。

それは、このブログをいつから書き始めるかということです。そもそもブログを書かない限り、検索結果で上位に表示されることはまずありません。つまりサイトの訪問者数を増やすことはできないわけです。結果としてサイト集客は実現しません。あなたは売上が上がらないわけです。

結果を出す人ほど、ブログを書くタイミングがとにかく早いのです。まずやってみる、すぐやってみるということをします。結果が出ない人ほど、やらなければいけないとわかっているのに、ずっと書かないのです。

この動きの差、特に何かに着手する速さは、いたるところで事業の結果に現れます。

他のマーケティング方法をメインにした場合にも結局は同じです。つまり、マーケティングの仕組みづくりをいち早く始めるということです。準備段階でこれができないということは絶対にありません。できます。できないと思っている人は、具体的に独立・起業した後のマーケティング方法の優先順位や、具体的な第一歩が見えていない人です。

一方で、やってはいけない準備としては、誰かに相談をして終わってしまうというものです。相談すること自体が目的になっていたり、相談をして安心してしまうということがよくあります。「伊藤さんから大丈夫とお墨付きをもらったので安心」「業界の偉い人に聞いたから心配ない」とか……どれだけベテランの経営者であっても、事業が絶対にうまくいくかどうかなんて断言はできません。
ただ相談をしただけで安心してはいけません。相談することは手段です。相談の目的は事業をうまく進めることです。

撤退の基準を決める

実際に事業を始めると、業績にかかわらず退くに退けない状態になってしまいます。当事者としては事業をやめたくないですし、根拠はないのですが何とかなると思っている人がほとんどです。冷静な判断がしにくいわけです。

そのため**独立・起業の前に、撤退の基準というものを設けておくと、もし失敗しても深手を負わずに済みます。**それを絶対の基準としておくことで、家族もまた安心できるということがあると思います。主観的なものでは意味がありません。数字や○×で判断できるような基準にしておくべきです。

金融機関から借りることができるお金は、一般的に自己資金と同等か、それの2倍程度と言われています。事業において資金が必要なものとそうでないものがありますが、**「自己資金と金融機関から調達した資金の全てがなくなったら確実に撤退する」**ということは1つの基準としておきましょう。

もちろん、このままいけば数カ月後に資金がなくなるということが明確な場合には、その資金が全てなくなることを待つまでもなく、スパッと諦めることも重要だと思います。

また、設備投資など必要とせずに、すぐに立ち上げられるような事業であれば、半年間で売上が○○○円にたどり着いていなければ撤退する、半年で△△△円の場合には、あと3カ月やってみて△▲△円になっていれば継続する、というようなことでもよいと思います。

自宅で事業をやっていて、固定費も全くないという独立・起業がとても増えています。事業がうまくいかないのに、目に見えて資金がどんどんなくなるということがなく、リビングデッド化している人が多くいます。こういった人の多くは、会社員から独立・起業して得た自由があるため、抜け出せなくなりがちです。

前職に戻るという選択肢

僕のお客様の中に**「1年で前職の年収を超えることができなければ前職に戻る」**という基準を設定した方がいました。

この基準はとてもわかりやすいですし、期限や明確な目標が立つことによって適度にプレッシャーもかかるためオススメです。

撤退することが悪いことだという認識も変えましょう。どんな偉大な経営者であっても、成功する新規事業は10やって1つだと言われます。

これからの時代は、起業をしたものの、立ち上げた事業をやめて会社員に戻るという人が当たり前になります。大切なことは、二度と立ち上がれないような致命傷を負わないことです。

時間的に余裕のある人は、本格的に独立・起業する前に、副業を始めるという準備段階を経験しておくとよいでしょう。

また、もし独立・起業して失敗した場合に、独立・起業前とさほど変わらない状態に戻るという、経済的な意味でのリスクヘッジなど、選択肢の多い状況を段取りしておくことも大切だと思います。

まとめ

1 プロや経験者でない相手が言うことは、ただの主観的な感想

2 自分の事業を特殊だとか、複雑だと思ってはいけない

3 明らかに優れている部分や、正解だと思うことに対しては、真似をするべき

4 結果を出す人ほど、絶対にしなくてはいけないことへの着手がとにかく早い

5 撤退の基準というものを設けておくと、もし失敗しても深手を負わずに済む

05

売上の正体

[事業開始]

起業に関する
ほとんど全ての悩みは、
売上がないこと。

この章のポイント

独立、起業をした直後、最も困ることとして、「売上が伸びないこと」が挙げられます。

この章では、売上はどうしたら伸びていくのかということを取り上げます。根性論でなく、勘でなく、どのように考え行動するべきなのかということを、事例を多数交えながら紹介します。

どのタイミングであっても、売上は事業の課題です。独立、起業前の方でも、独立、起業して売上が立った方でも役立つ実践的な内容です。

売上を分解せよ

売上を伸ばそうと思った場合、あなたは最初に何をしますか？「とにかく頑張ります」という人が多くいます。意識、モチベーションが上がることで売上が向上することもあると思います。

改めて、売上を構成する要素をご存じでしょうか？ Amazon、Google、TOYOTA、マクドナルドなどの世界を代表する会社はもちろん、僕が経営する会社、個人経営の喫茶店であっても、売上を構成する要素はどこも同じです。

売上＝客数×単価×購入頻度 で、できています。

つまり、売上アップというのは、この客数、単価、購入頻度の3つの要素のどれか、あるいは複数が増えるということです。

たとえば、カレー屋さんでランチのみ営業しているお店だとします。月の売上を分解すると……

【売上200万円＝客数1000名×単価1000円×月2回購入】

このような感じで売上ができているのです。

たとえば、このお店が客数を1％増やして、単価を5％増やし、来店頻度を2回にできたら、月の売上はどうなるでしょうか？

【売上＝客数1010名×単価1050円×月2回＝212万1000円】

になります。

繰り返しになりますが、**客数、単価、頻度のどれかを増やすことを考えればよい**のです。

その商品・サービスを買う理由

お客様はなぜ、たくさんある商品やサービスの中で、自分の商品やサービスを買ってくれたのでしょうか。どういう順番で、何をきっかけとして、その購入という意思決定をしたのでしょうか。

基本的に、人が商品・サービスを買うにあたって、これがなければ絶対に売れないという条件があります。

1 商品やサービスの存在が知られていること

そもそも商品やサービスの存在を誰も知らない状況だと、商品やサービスが売れることは絶対にありませんよね。つまり、**1人でも多くの人に商品やサービスの存在を知ってもらうこと**です。これこそが集客と呼ばれる部分の根幹かと思います。

2 商品やサービスが他社よりも優れていることが客観的にわかること

ただ、商品やサービスの存在を知ってもらえれば、お客様が実際に買ってくれるかというと、そんなに甘くはありません。お客様は基本的には、他社の商品やサービスとあなたの商品やサービスを比較し、優れているほうの商品やサービスを買います。

1000人がある商品やサービスの存在を知ったとして、そのうちA社の商品は10人が購入するとします。購入の割合は1%です。B社の商品は100人が購入するとします。購入の割合は10%です。

この購入の割合を決めている要素が、自社の商品やサービスの価値で、他社との違いです。この価値がない商品やサービスだとすると、いくら商品やサービスを知ってもらっても売れませんよね。

つまり、集客をうまく実現するためには、

1 1人でも多くの人に知ってもらうためにいろいろな方法を考えつつ、
2 買ってもらえる確率を高めていくこと

この2つを行うわけです。

客数を増やすには認知度と新商品

ここから客数、単価、頻度を少し具体的にブレークダウンしていきます。

3要素をブレークダウンしていくと、とても考えやすくなります。客数を上げるためにはどうしたらいいでしょうか？

ここで言う客数というのは、主に新規のお客様の数のことだと思ってください。お客様というのは、大きく言えば、新規のお客様と既存のお客様に分かれます。

既存のお客様を増やす＝既存のお客様の購入の頻度を変えることや、リピートして購入していただく施策については、3つ目の要素である頻度の部分でお話しします。

新規のお客様を増やそうと思うと、商品やサービス、お店のことを知ってもらう機会を増やさないといけませんよね。

インスタ映えで一気に客数を増やす

かつて、店舗の商圏は、近くに住んでいる人だけでした。最近は、写真共有アプリ**「インスタグラム」**上で見栄えがよい（**インスタ映え**）ような商品を開発することによって、ＳＮＳ上で拡散されて、全国からお客様が訪れるというようなことも起きています。

ハーゲンダッツでは、「幸せのハーゲンハート探し」という企画を行っています。カップ型アイスクリームのフタを開けた際のアイス上部のくぼみが、ハート型に見えることから生まれた企画です。お客様はツイッターやインスタグラムで画像をシェアすることでこの企画に参加できます。

アパレルやジム、旅行商品などあらゆる商品やサービスがＳＮＳで売れる時代になっています。ＳＮＳを使いこなせないのはとてももったいないことです。ＳＮＳ活用に関しては後ほど詳しくお話しします。

時代のトレンドに合わせて客数アップ

家食（家で食事する人）も増えているということで、たとえばこれまでやっていなかったデリバリーサービスを、ウーバーイーツなどを利用し始めることで、新たなお客様層を開拓できるようになるかもしれません。

商品開発の段階から、何度も購入してもらいやすいような商品をつくってしまうという発想もあります。

たとえば、キットカットのミニ版は大ヒット商品になりました。小さなサイズにしたことで、より多くの頻度で買ってもらえるようになったケースです。

これは、客数を伸ばすアイデアともつながりますよね。今までは量が多いことで、買いにくかったり、値段が高くなってしまっていたので、客数は伸びにくかったものを、量を減らしたことで安くできたので、客数や頻度が伸びるということです。

最近ではラーメン屋さんで、従来の半分の量、ハーフサイズを見る機会がとても増えています。健康志向の影響だと思います。

基本のクロスセルとアップセル

そもそも商品やサービスの単価＝価格というのは、価値でできています。そのため単価を上げるためには、基本的には価値を増やさなくてはいけません。

価値を増やすこと自体は、お客様を喜ばすことにつながります。

ファーストフード店で、ハンバーガー単品で購入の方には、ドリンクを提案する。この手法を**クロスセル**と言います。また、セット購入の方に対しても、たとえばポテトのサイズをLにしませんかと提案する。この手法は**アップセル**と呼ばれています。

洋服で言えば、お客様が買おうと思っているシャツに合う、ズボンやジャケットなどを提案したり、ツアー旅行で現地ツアーに参加できるオプションプラン、携帯電話の紛失サポートサービス、レンタカーの保険などはまさに価値を増やして、単価を上げるための方法ですよね。

自分自身が、ついつい追加で買ってしまったという経験を大切にしてください。

価値を磨いて単価を上げる

価値を磨き、価格を上げるという意味では、東京ディズニーランドの展開がとてもわかりやすいです。1983年の開園時には、1日券が3900円でしたが、年々チケット価格が上がって、現在は、7400円と2倍近くまで単価が上がっています。

もちろん東京ディズニーランドは、1983年当時と施設の内容が同じかというと違います。日々、新しいアトラクションやイベントの企画などを開発し、価値を増やし続けています。そのため、お客様の満足度を保ちつつも、価格を上げることができているのです。

あなたも、日々自らの商品やサービスの価値を増やしていかないといけません。個人的には、この価値が一定のレベルを超えると、まわりからはブランドとみなされるようになると考えています。ブランドのレベルまで会社は目指さないといけません。とはいえ、ブランドというのは必ずしも高級なものでなくとも構いません。

価値が増えていき、お客様がそれを欲している、認めてくれるものであれば、価格を上げることはできます。一方で、価格が高くなりすぎると客数が減ってしまう可能性もあります。そのため、商品やサービスの種類を増やして、それぞれで価格帯を変えたりしながら、客数も増やし、価格や単価を上げていく方法を考えていきます。東京ディズニーランドも、年間パス、時間帯限定のチケットなど、様々な価格帯を持っていますよね。

繰り返し購入してもらえるサービスへ

単発で商品やサービスを売り切りのような形で展開することになってしまうと、

それっきりお客様との接点を失ってしまって、次の購入の機会をつくることができなかったりします。

そのため、売り切りのお金のもらい方のモデルから、レンタルなど、商品やサービスをお客様に使用させる形に変えるということも、単価を上げるための方法として考えられます。

最近では、**サブスクリプションモデル**というものが流行っています。月額定額制のサービスという意味です。月額800円で動画見放題のネットフリックスや、年間4900円で動画以外にも配送料などが無料になるアマゾンプライムなどが有名ですね。ラーメン屋でも渋谷や秋葉原などに店舗を構える野郎ラーメンがサブスクリプションモデルを導入しました。野郎ラーメンは月額8600円支払うと、1日1杯ラーメンを食べることができます。

これは商品、サービスの提供の仕方を変えてしまって、定額のサービスとしてしまうことで、毎月1回買ってもらっていることと同じにしてしまうという手法だと捉えることもできます。

僕のお客様でもサブスクリプションの形に転換を始めている方が増えています。デザイナーの人が月額定額でデザインなどし放題のサービスを出したり、美容室への通い放題サービスをリリースした人もいます。

今後、サブスクリプション化の流れは強くなるため、押さえておいてください。

クーポンやポイントカードはあなどれない

クーポンや**ポイントカード**というと古くさい気がするかもしれませんが、これらを使ったリピート客育成の仕組みはとても強く、効果的です。

リピート客を増やすための取り組みは、面白さと、実利の提供がポイントです。

最近では面白さを出すために、ゲーミフィケーション（課題の解決などのためにゲーム要素を入れる）の仕組みをリピート施策の中に導入するのが流行っています。

個人的にとてもうまくできているなと思うのは、ドトールコーヒーの電子決済機能付きの「ドトールバリューカード」です。このカードはアプリと連動していて、アプリには、カードを持ち歩かなくても決済ができたり（実利）、都道府県ごとに異なるカードのデザインを集められる（面白さ）といった機能があります。

僕のお客様で、上野で美容サロンをやっている女性がいます。

リピーターの獲得がうまく、オープンから5年ほど経った現在でも最高売上を更新している、本当に素晴らしいお店です。

この社長は徹底的にお客様に寄り添うことを大切にしています。美容サロンに来るお客様の本当の目的である「出会い」にフォーカスを当てました。見た目を整えることはもちろん、ご自身の広範なネットワークを駆使して、お客様同士のマッチングのパーティーを開催し、そこでたくさんのカップルを生み出しています。

その中で結婚する人が出てくると、そのままブライダルエステのコースに招かれたり、妊娠しやすい体質づくりや、出産後に体型を戻すためのコースなど一生寄り添えるようなメニューも用意しています。

意外とできていないフロント商品

売上を効率的に、効果的に伸ばしていくためには、新規のお客様を増やしながら、既存のお客様の流出を防ぐようにする必要があります。

流出を防ぐということで、守備的なイメージを抱きがちですが、攻撃的な考えを持ってください。

既存のお客様があなたの商品やサービスに満足していれば、そもそも、流出することはありません。また、既存のお客様があなたの商品やサービスに満足していれば、新しいお客様を連れてきてくれます。紹介によって客数が勝手に伸びます。

目指すべきはまさに、既存のお客様の満足度や、その紹介の数や頻度です。それは会社自体の強さを表す一番の数字でもあります。

全ての事業や商品、サービスはお客様から逆算して設計しなくてはいけません。

お客様にとって選択しにくい、探しにくい商品やサービスの形になっていたら、価値のあるものであっても、とても売りにくくなってしまうわけです。

たとえば、銀座の名店が、ランチを1000円などで展開しているのはなぜでしょうか？　1000円でランチを展開すると、恐らく赤字になってしまうケースもあるでしょう。それでもなぜやっているかといえば、ハードルを下げて、お客様に知ってもらうこと、価値を体感してもらう機会をつくっているのです。

ディーラーでの新車の試乗、デパ地下の試食、お試し期間無料のジムも同じです。お客様にまずは価値を知ってもらわなければ、なかなか買ってもらうということにたどり着かないのです。

お客様の目線に立って、価値を体験しやすいような動線をつくってあげることがとても大切になります。

銀座の名店の1000円ランチのことを**フロント商品**といいます。ディナーのことを**バックエンド商品**といいます。

フロント商品、バックエンド商品ともに明確な定義はありませんが、僕は下記のように定義しているので参考にしてください。

- フロント商品：その提案を聞いて、使わない、買わないなんて損だと思わせる商品やサービスのこと
- バックエンド商品：一番価値を感じてもらう定番商品、サービスで、利益を出すための商品、サービスのこと

僕がこれまでに会ってきた独立・起業をした方々は、フロント商品がなく、バックエンド商品しかないというケースがほとんどでした。バックエンド商品は利益を出す商品ですので、比較的高い価格だったりします。たとえ価値があったとしても、その価値をお客様にわかってもらえなければ、商品、サービスは売れません。

ファネル設計で全体最適を考える

フロント商品やバックエンド商品という発想にも近い意味で、**ファネル設計**という考え方があります。

ファネル設計というのは、簡単に言えば、お客様が、あなたのことをどうやって知って、どういう動線を通って、フロント、バックエンド商品にたどり着くか。また、バックエンドにたどり着いた後で、満足していただき、新しいお客様をご紹介いただけるようになるかを、会社として計画することだと思ってください。

お客様から見て、魅力的な道筋になっていないといけないわけです。ファネル設計は会社や事業の基本的な設計図のようなものです。

ファネル設計のイメージ

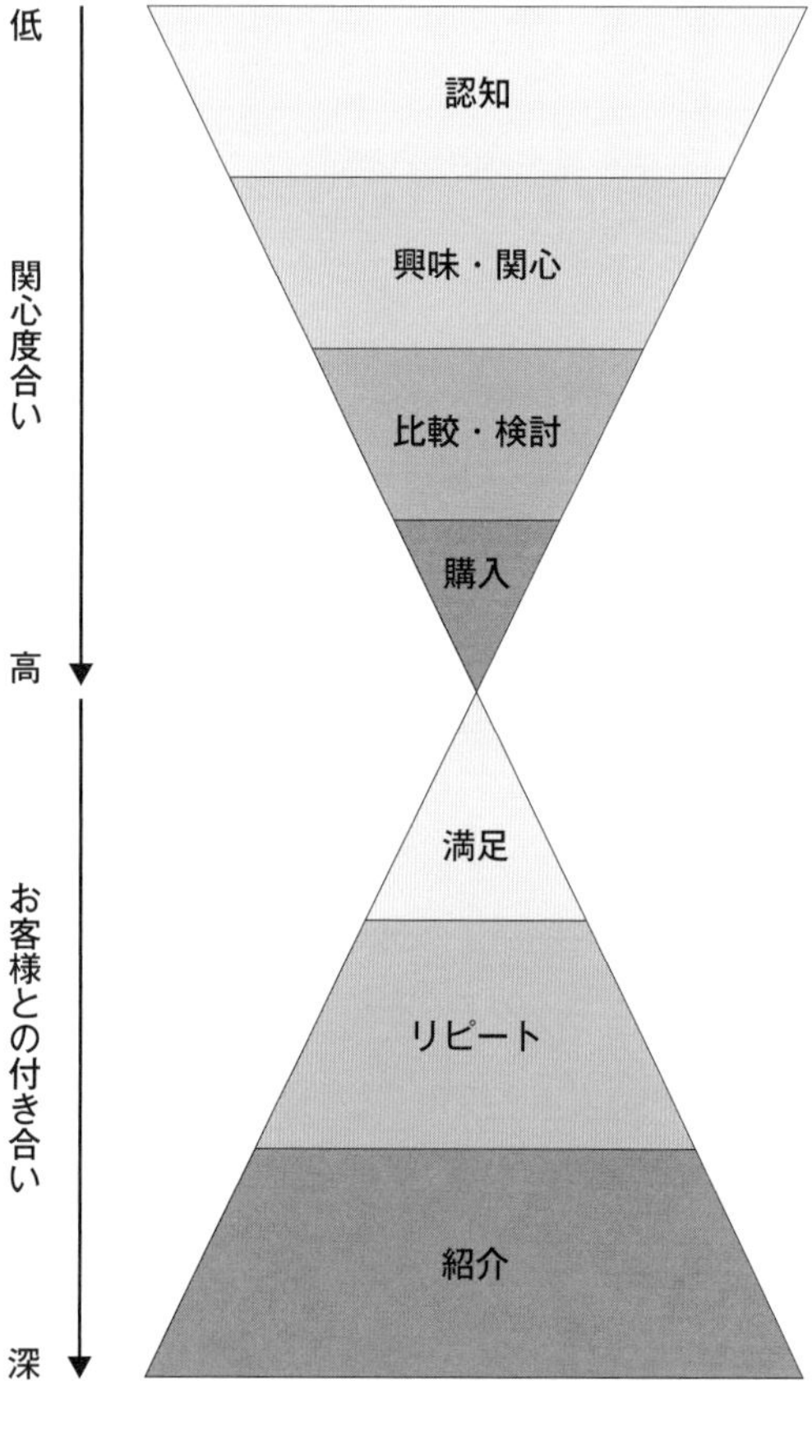

顧客生涯価値を考えているか？

顧客生涯価値（LTV）は、売上アップを実現する上で、極めて重要な考え方です。LTVというのは、Life Time Value の略です。お客様が一度あなたの商品やサービスのお客様になったら、そのお客様は生涯であなたの会社にいくらの金額を使ってくれるのか、という考え方です。

当たり前ですが、LTVは大きいほうがいいわけです。LTVの考え方ができると、最初の取引が1万円であっても、生涯では20万円いただけることがわかっていれば、最初のお客様を獲得するための集客や広告コストとして3万円かけてもよいことがわかるわけです。

失敗

仕事をもらえない経営者団体

売上が低迷し、貯金を毎月削っている士業の人の話です。

彼の過去の売上の発生原因を調べると、所属している経営者団体の参加者からの紹介と、参加した交流会での案件獲得の2つでした。

彼は経営者団体に参加することが仕事になると思い、団体の活動に週の2～3割程度の時間を使っていました。

もちろん全ては費用対効果ですから、3割の時間を使って十分な売上が出ていれば問題ありません。

しかし、この人の場合、月に50～60時間を団体活動に費やし、会費や飲み会に月3万円近く支払って、それでいて、毎月1～2件の仕事、金額にして10万円程度にしかなっていませんでした。

もちろんその団体活動から拡がりがあればよいのですが、所属して3年が過ぎていました。

僕はその団体を退会することを勧めました。そして、新たな売上をつくるためにサイト集客を提案したのです。

その後、彼はブログを書き始め、3カ月後に月2件、30万円程度の仕事がサイトからの依頼で入ってくるようになりました。

集客の達人になる方法

集客やマーケティングがなぜ必要なのかわかりますか?

「商品・サービスを買ってもらうため」だと考えたあなた、その時点で集客は恐らく失敗します。

「会社の売上や利益のため」と考えたあなたも集客は失敗します。

そもそも、会社の目的とは何でしょうか。

「お客様を喜ばすこと」だけです。それ以外はありません。

お客様を喜ばすということ、これこそがマーケティングです。

自分の決めた領域（こういうお客様を相手にしようとか、こういう価値を提供しよう、この部分では絶対に他社を上回ろう）においては、絶対に一番お客様を喜ばす存在でなければいけないということです。そこを目指さなくてはいけません。

これは会社の目的そのものであり、会社がお客様に選ばれ続けるための理由になるのです。

自分の商品やサービスが他社よりも優れていると仮定します。あなたはお客様を喜ばすことに対して、絶対的な自信を持っています。

そのような状況の中で、お客様があなたの商品やサービスよりも、価値の劣る商品やサービスをもし使っていたらどう思いますか？

自分の商品やサービスを使ってもらったほうがいいと思いませんか？

お客様を喜ばすために集客をするのです。

自分のために集客をするわけではありません。お客様のために集客をするのです。

集客をする際の心構えとして、自分が一番お客様を喜ばすことができるという自負を持たないといけません。

経営学者のドラッカーはこのように言っています。

「マーケティングとは、最終成果の観点、つまり顧客の観点から見たビジネスそのものであり、それゆえマーケティングに対する配慮と責任は企業の隅々にまで浸透していなければならない」

（ピーター・F・ドラッカー、『ドラッカー名著集2 現代の経営』ダイヤモンド社）

大きい会社をイメージしてしまうかもしれませんが、企業＝あなたです。規模の大小は関係ありません。副業であろうと、個人事業主だろうと変わりません。

集客をうまくできるようになるためには、全てお客様の目線から見て考え、仕組みづくりなどをしないといけないということです。


僕のお客様で、遺言書の作成支援ビジネスをしている人がいました。この人は、事業の幅を時代のトレンドに合わせて広げました。

高齢者の中には身内のいない方も増えてきており、そのような人の中には自分の代で「墓じまい」をしようと考えている人もいます。そこでこの人は墓じまいのサービスを新たに立ち上げたわけです。

墓じまいの専門家として、今ではメディアにもよく取り上げられています。

周辺領域ということで事業も立ち上げやすく、既存の事業ともシナジーがあり、売上は一気に拡大しています。

20の集客方法

ここでは小さな会社や個人事業主にとって効率的かつ効果的な集客方法をご紹介したいと思います。

欲張って全部をやるということはまずできません。1つ2つの方法で十分、最初の売上につながるでしょう。1つ1つの方法の深掘りが大切です。ただ、SNSでもブログでも、うまくできれば効果は大きいです。しかし、相当な努力がないと効果は出ません。

そのため、努力が苦手な人はここで紹介する集客方法は諦めてください。本当にコツコツ、日々継続していかないと結果は出ません。

1 ホームページやブログが基本中の基本

ホームページの中にブログシステムを組みこむというのが主流になってきました。

ブログ型ホームページは、ウェブ集客の基本形です。

詳細は後述しますが、ホームページ集客には、SEO対策を徹底的に行うこと、リスティング広告などを打つこと、この2つが必須です。

2 SEO対策を徹底的に行う

SEOとは、Search Engine Optimization の略で、簡単に言えばグーグルやヤフーなどの検索エンジンにひっかかりやすくする技術です。

グーグルやヤフーで検索した結果が、何番目に表示されるか、ということは、ウェブ集客において大切なポイントです。

SEO対策専門の会社も多数あります。大企業がSEO対策を行い、日々競っている世界でもあります。

SEO対策というと、ちょっと機械的な印象を与えてしまいますが、結局は検索しているユーザーのことを徹底的に考えろということに行き着きます。これは、マーケティングの本質を考えることとイコールです。

簡単なSEO対策として、コツコツとブログを書いていくやり方があります。

まず、検索されるキーワードを選びます。これは、自分のホームページやブログにたどり着くキーワードです。あまりにも人気のキーワードの場合には、競合もたくさんいますので、検索結果の上位を取る難度が高くなります。そのため、あえて競合が少なそうなキーワードを選ぶこともポイントです。

次に、そのキーワードを検索している人は、何を知りたいのか、を考えます。グーグルは検索するユーザーに対して、最も役に立つサイトを上位に表示させるという仕組みを持っています。この段階で、どういったページをつくるべきか企画書をまとめ、ユーザーが知りたいと思っていることを網羅しているか、項目に漏れがないかなどを確認します。

そして、実際にブログ記事を書いてみて、公開します。記事自体は、もちろん誤字などないように、かつ、見やすい・読みやすいレイアウトになっているか、スマホで見てもＰＣで見ても問題なく表示されるかを確認します。ブログ記事は単なる日記ではなく、お客様に役に立つコンテンツを用意します。この手法はコンテンツマーケティングとも言われています。地道にやっていく必要がありますが、優れたコンテンツができると、24時間３６５日、商圏問わず、あなたがつくったホームページやブログが自動的に集客してくれます。

さらに、検索結果の順位やアクセス数などを確認しながら、ブログをどんどん改善していきます。一度記事をつくったら終わりということはありません。物事は変わっていきますので、検索ユーザーの知りたいことも変わります。そのため、記事自体もどんどん改善していかないといけません。

SEO対策ってものすごく大変なんですよ。

3 リスティング広告などを打つ

リスティング広告は、ユーザーが検索したキーワードに応じて、検索結果を表示する画面などに表示される広告です。

リスティング広告は、成果報酬型の広告とも言われており、あなたのサイトや**LP（ランディングページ）**につながる広告がクリックされてはじめて課金される仕組みとなっています。1クリックの費用は、キーワードごとにオークションのように設定されていて、人気のキーワードであればあるほど、高くなります。

つまり、人気のないキーワードであれば費用は安くなります。そのため、リスティング広告において、キーワード選びはとても重要です。

基本的にはLPを作成した後、広告費を出してリスティング広告を打ちます。

LPは会社の事業を紹介するような通常のホームページとは異なります。LPはサービスや商品の説明をする、ネット上のチラシだと考えてください。

ウェブ集客においては、あなたがお客様に直接プレゼンすることができません。そのため、あなたに代わってあなたの商品やサービスをうまく伝えないといけないわけです。プレゼンがうまい人、下手な人、コミュニケーションがうまい人、下手な人がいるように、LPもよいLPと、悪いLPがあります。

LPは商品やサービス1つに対して、1つのLPをつくるというイメージです。商品やサービスの紹介、メルマガの紹介・登録、ホワイトペーパー（お客様にとって役立ちそうな情報をまとめたもの）などを用意して、お客様の情報（メールアドレス、電話番号など）を収集するという形で運用するパターンが多いです。

商品やサービスを売るために、まずはセミナーに来てもらいたいという場合であれば、セミナー用のLPをつくって、セミナーの集客をフェイスブックや、リスティング広告を使って行うこともあります。

ＬＰの出来不出来で、次のステップへの誘導の成功確率が劇的に変わります。Ａパターン、ＢパターンのＬＰをつくってみて、どちらの反応がよいかを確認する手法をＡＢテストと言います。ＬＰはこのＡＢテストを通して育てていくものと考えてください。

こういった手法に加えて、ホームページ自体の手入れも必要です。最終更新日が3年前のホームページ、昨日更新されているホームページ、どちらのホームページのほうがよい印象を持ちますか？　当たり前ですが、後者のほうがよい印象ですよね。お客様から選ばれるよう、ホームページ自体も運用、更新していかないといけません。とても手間がかかりますが、効果的な集客方法です。

4 フェイスブックのダイレクトメッセージはリーチしたい人に届く

知らない人からフェイスブック上でダイレクトメッセージが届いて、何回か会って取引になったことがあります。「起業家イベントのスポンサーになってもらえませんか？」という趣旨でした。その後、スポンサーになったのですが、見込みのお客様をたくさん紹介していただきました。

ダイレクトメッセージをうまく活用できれば、集客方法として十分に成り立ちます。基本的にフェイスブックは実名の世界ですので、リーチしたい人に簡単にリーチできます。

5 データベースとしてのフェイスブック活用

フェイスブックをデータベースとして活用するのもとても効果的です。会った人とは必ずフェイスブックでつながる。そうすることで、すぐに仕事につながらなくても、あなたが毎日、意味のある投稿ができていれば、相手はあなたのことを記憶するようになります。

また、相手の投稿に対して、「いいね！」やコメントなどを積極的に行うことで、コミュニケーションが生まれます。コミュニケーションを大切にして、信頼を築いていきましょう。

ところで、フェイスブック上で、いつも集客や営業のための投稿をしていると、あなたのフェイスブックページが視聴していないTVで流れているCMのように位置づけられてしまいます。そのため、投稿1つ1つが、お客様への商品やサービスだというつもりで、お客様を喜ばすような投稿を徹底すべきです。

6 拡散力に優れるツイッター

フェイスブックと異なり、ツイッターは拡散型のSNSです。拡散力という観点で、ツイッターは最も優れたSNSです。

フェイスブックは基本的に自分の知っている人との関係構築に相性がよく、ツイッターは発信したコメントがリツイート（RT）されることを前提としているため、自分の考えなどに共感してくれる人との関係構築に相性がとてもよいわけです。

フェイスブックはリアルで会った人との関係を一層強くするもの、ツイッターは会ったことのない人との関係を強くするもの。ツイッターだけを使い、開始3カ月で、法人から20件近い依頼を受けている経営コンサルタントもいます。

ゼロからツイッターをやる場合の動き方の目安を紹介します。

- まずは基本的な使い方や攻略方法をインプットする（ノウハウがネット上に無料・有料であります）
- 1日30ツイートを1週間続ける

・リツイート（RT）されやすいツイートの型や内容を分析する
・自分が役に立てそうな人に対して相互フォローを仕掛ける

ツイッターは基本的に無料です。ツイッターの活用には、マーケティングのエッセンスが詰め込まれています。とても勉強になるので、起業家にはオススメの集客方法です。

とはいえ、アカウントをつくっただけでは、もちろん何も起きません。どうやって活用すべきなのか、という作戦を練り、やり方をインプットして、量をアウトプットしましょう。提携先、ビジネスパートナーが見つかることもあります。

7 写真が使えるならインスタグラム

インスタグラムは女性を中心に爆発的に広まっているSNSです。特徴は写真中心ということです。

写真と相性のよい商品やサービスであれば、インスタはもはや欠かせません。飲食店などではインスタ映えするメニュー開発を最優先にしているところも多々出てきています。アパレル、モデル、トレーナー、旅行、飲食、小売りなど様々な業種で必須のSNSになっています。

8 YouTubeはまだまだ伸びる

言わずと知れた動画を活用した集客方法です。動画自体の作成も簡単にできるようになってきましたし、スマホの普及で、移動時間などスキマ時間を使って動画を視聴する人が爆発的に増えました。

今後、5Gの通信規格、通信機器が普及すると、動画再生にかかるスピードや通信容量の問題が一気に解決されるとされているため、一層、スマホで動画を観る人が増加するとも言われています。

将来的にまだまだ期待できる集客方法といえます。1本1本を短く、誰がどういうシーンで最も視聴するかを考え、見やすい、わかりやすい動画をつくっていくことが大切です。

9 オウンドメディアを借りる

すでにSEO対策などによって一定のお客様候補を抱えているメディア（ウェブサイト）の中に、自社の広告を出させてもらったり、または、そのメディアの中でブログを書かせてもらうなどして、メディアを訪れている人を集客するような方法です。

自らのサイトでブログを書くよりも早く、多くの人にブログを見てもらうことができ、集客を加速できるかもしれません。

SEO対策をはじめ、自らブログを書いていくことは時間がかかることです。そのため、ショートカットとしてこういった方法もあります。

10 アフィリエイターに宣伝してもらう

アフィリエイトは、あなたの商品やサービスをブログなどでアフィリエイターが紹介してくれる手法です。

お客様を1人集客してくれたらアフィリエイターに〇〇〇円支払う、といった形で取り決めします。この取り決めは様々なパターンがあります。

よいアフィリエイターがみつかると、自社の商品やサービスをうまい言い方や伝え方で宣伝してくれて、集客に大きく貢献してくれます。

保険などを説明するブログや、まとめサイトなどは、アフィリエイトが多く見られます。

アナログな集客方法もバカにできない

ウェブ集客の方法については一通り解説しました。今の時代に、ウェブ集客をしないということはほぼ考えられませんので、何か１つでもＰＤＣＡサイクルを回しながらやってみましょう。

ここからは、アナログな集客方法について説明します。

11 DM（ダイレクトメール）は狭い商圏に有功

いわゆるダイレクトメールです。未だに家のポストをあけると大量のDMが来ていますね。狭い商圏を相手にして商品やサービスを展開する場合には、有効な集客方法と言われています。DMの配布先をしっかりとターゲティングできるか、ということと、DM自体の出来栄えが重要なポイントになります。商材によっての相性も大きい集客方法です。ポスティング禁止のマンションも増えてきていますので、注意してください。

最近少し増えたなと思う方法として、「伊藤さんと知り合いの○○さんよりご紹介いただき、手紙を書かせていただきました」というDMをいただきます。しっかりとした見た目の手紙なので必ず何かあると思い、開いて内容に目を通します。毎月1名くらいからこの形でDMをいただきますが、3回に1回くらいお会いしているので、結構効果的かもしれません。

ポイントは「知り合いの○○さんより紹介してもらった」ということと、整った手紙ということです。

⑫代理店や営業代行の仕組みをつくる

一緒になってお客様を集客してくれる仲間、代理店や営業代行の仕組みをつくっていくという方法もあります。

代理店の仕組みや営業代行の仕組みは、うまくつくることができると相互にメリットがあります。僕も自社の商品やサービスと相性のよい会社や個人の方に集客依頼をしています。

様々な経営者に会うような会社や人に、自社の紹介をお願いしています。その人が他の人に会った際に、少し僕の会社の話をしてもらって、興味があるようであれば、紹介してもらうのです。成功報酬で動いてもらっていたりします。かなり使える集客方法だと思います。

⑬営業が苦手な人はテレアポ

テレアポ（テレフォンアポインター）も業種によっては、とても効果的な集客方法だと思います。1人で1日200コール程度かけて、うち2件アポイントになるか否かというようなイメージです。

テレアポ専門の会社もあり、1アポイント獲得で○円という形で外注することもできます。集客や営業が苦手な人や、人手不足への大きな対策ともなります。

14 他社とのセット販売

あなたの商品やサービスを、他社の商品やサービスとセットの形で販売してもらうという方法です。他社の商品やサービスがすでに売れている商品やサービスである場合には、うまく相乗りすることで、効果的に販売、集客できるようになるかもしれません。もちろん相手方のメリットがとても大切になります。

商品がセットになることで、営業の手間も減りますし、場合によっては、商品そのものが強化されて、とても売りやすくなるわけです。

15 メディアに取り上げてもらうPR

PRは広告と違って、広報という意味です。テレビや新聞といったメディアに、あなたの商品やサービスを取り上げてもらうという手法です。小さな会社や事業者であればあるほど、使ったほうがいい集客方法です。

具体的には、メディア関係者とのネットワークを強化したり、プレスリリースを書いてメディアに送るというアクションを取ります。

僕も小さい会社を経営していますが、テレビではＮＨＫ、新聞では日本経済新聞、雑誌では週刊エコノミストなどに取材していただき、起業支援の専門家として取り上げられたことがあります。

放映・掲載直後はもちろん反響があり、さらに取り上げられたという事実が自社の信頼感を高め、２次的に利用できます。そのように考えると、とても費用対効果のよい集客方法と言えます。

16 セミナー＆イベント開催

セミナーやイベントを開催するというのも効果的な集客方法です。

たとえばセミナーという形であれば、数十名の相手に自社の商品やサービスを知ってもらう機会になります。また、少人数であっても確実に買ってもらえるように、参加した方の満足度を徹底的に高めるという作戦もあります。

セミナー集客をし続ける場合には、ＬＰを作成してウェブ広告を出すことや、セミナー情報を集めたポータルサイトにあなたのセミナーを掲載したり、自社でメルマガなどのリストを集めていく必要があります。

また、他社と共催する形や、講師として呼んでいただくという方法もあります。

17 紹介は最高の集客

紹介は集客方法の最高傑作です。ここで言う紹介は、お客様から、別のお客様を紹介してもらうことです。

また、他社と提携関係を結び、顧客候補を紹介してもらうということもできます。

紹介は無限の可能性を秘めた集客方法ですから、必ず押さえておきましょう。

紹介の仕組みをつくれるようになると、自らが動かなくとも集客が実現します。

「自分が100人分頑張るのではなく、100人が自分のために頑張ってくれる」状況を目指すべきです。

18 交流会は主催する

交流会に参加し、名刺を交換しましょう。交流会の多くは地味なものですが、よい交流会であれば、よい人がいます。直接会って話ができるので、コミュニケーション力のある方であれば、よい集客方法となります。

僕のオススメは、参加するよりも、自らが主催してしまうことです。主催すると、参加者も選べるので、自分の来てほしい人だけに来てもらえるようにすればよいのです。

19 広告は媒体選びが肝心

新聞や雑誌などの活字媒体に対して、自らの商品やサービスの広告を出すという手法です。媒体をしっかりと選定し、読者層を見極めることで、よい効果を生むことができる集客方法です。

活字媒体の人気が相対的に低くなってきています。言い換えれば、今後、広告を出す側としては、とてもよい条件で広告を出せるようになっていくだろうと思っています。

20 展示会でアポをとる

特定のテーマを掲げた展示会がよく開催されています。

業界関係者が多数集まるため、とても効率的に名刺を集めることができたり、人や会社とつながることができます。あなた自身が展示会でブースを出すことで、商品やサービスそのもののアピールもできます。

展示会などで重要なことは、その場で成約を狙うのではなく、1枚でも多くの名刺を獲得し、すぐにアポイントメントにつなげることです。

集客は繰り返すほど効果が現れる

集客するためには、自分が喜ばすことができる人は誰なのか、という自社のお客様のイメージを固め（ペルソナ）、そのお客様はどこにいて、どのような言葉を好み

（キャッチコピー）、どのようなデザイン（クリエイティブ）が好きなのか、を考えます。

そして、最初に立てた仮説を実証する施策を小規模でやってみます。最初からいきなり大きな予算を確保してお金を使うなどということは避けましょう。施策を打ってみて、反応を見て、改善して、また施策を打ってという、ＰＤＣＡサイクルを繰り返した先に、強い集客の仕組みが出来上がります。

何の考えも持たずに、集客の施策を実践する、マーケティングを行うということは絶対にあってはいけません。このＰＤＣＡサイクルこそがあなたの財産になるのです。

集客施策やマーケティングというのは、時間とともによいものになっていく性質を持っています。やればやるほどレバレッジが効いてきます。

はじめの頃は、1人のお客様に来てもらうのに5万円かかっていたとして、ＰＤＣＡサイクルを回していくことで５０００円で来ていただけるようになるわけです。

また、**ブログなどで言えば、よい記事を書けば書くほど、1つの記事がたくさんのお客様を連れてきてくれます。**日々貯金をしているようなイメージです。

高額商品はファネル設計が重要

お客様があなたの商品やサービスを買うためには、いろいろな壁を越えなければいけません。特に高額の商品やサービスを扱っている人は、ファネルを意識しないといけません。ファネルというのは、先にも紹介しましたが、簡単に言えば、お客様にどのように動いてもらうことが、自分にとってスムーズかということです。

たとえば、あなたが不動産関連の事業を展開しているとして、新築マンションを買いませんか、というDMを用意する場面をイメージしてください。

この場合、自社視点では、1DMを送る、2買うかどうかのお客様の意思決定を待つ、と2つの動作しかありません。

さて、これでお客様は不動産を買ってくれると思いますか？

DMを「新築マンションに興味を持っておくことが、お客様にとって得だ」という情報を提供するという内容にしてみます。

また、「興味があれば、一度電話します、あるいは直接会って情報をご提供します」としておきます。つまりすぐに購入を迫ることはしません。そもそも信頼関係がなければ、商品やサービスは売れないですし、特に不動産のような高額商品の場合には、お客様が気にすることを全部クリアにしないといけません。

さらに、いきなり購入というのは、ハードルが極めて高くなってしまうので、お客様が越えることのできる、越えやすいハードルを用意する必要があります。

その際にも、ハードルを越えることがお客様にとってメリットになるようにしないといけません。

このような流れでファネルを設計します。これはDMに限った話ではなく、どの集客方法であっても考えないといけないことなのです。もちろん商品やサービスによって、ファネルはとてもシンプルになるものもあれば、複雑になるものもあります。

ファネル設計に限った話ではありませんが、**何かがうまくいっていないときは、会社やあなたの論理になっていないか？**という視点で、あなたの集客方法をチェックしてみてください。

まとめ

1 客数、単価、頻度のどれかを増やすことを考えればよい

2 会社の目的はお客様を喜ばすこと

3 1人でも多くの人に商品やサービスの存在を知ってもらう

4 「自分が100人分頑張るのではなく、100人が自分のために頑張ってくれる」状況を目指す

5 何かがうまくいっていないときは、会社やあなたの論理になっていないか？

06

順調な
スタートダッシュへ
【資金調達・手続き】

お金は
目的地にたどり着くための
ガソリンだ。

この章のポイント

万全の状態でスタートダッシュを切るためのポイントがあります。

事業の成否というのは究極的には誰にもわからないことですが、事業を始める上で正解がわかっていることもたくさんあります。たとえば、資金調達の成功確率を上げるためにしなくてはいけないことや、活用しておくべき補助金や助成金、必ず発生する手続きに対して専門家をどう選ぶべきなのか、オフィスは自宅とコワーキングスペースどちらがよいかなどです。

1人目のお客様をつかまえろ

事業計画書偏重型の人に足りないことというのは、実際に1人目のお客様をつかまえることです。つまり、実際の行動の早さが求められます。

1人目のお客様にフォーカスすることで、いろいろなことが見えてきます。営業の難しさだったり、あるいは意外と営業が得意という気づきかもしれません。

お客様を探す過程で、いろいろな気づきや、商品・サービスへのフィードバックなどをいただけるでしょう。

5年後の計画も大切ですが、1年目、最初の3カ月、最初の1カ月、そして最初のお客様を最速最短でつかまえるための計画という形で、具体化していくべきです。

また、事業をやりながら事業計画書の精度を上げるという考えもあります。あなた自身が動けば動くほど成長をしますので、事業における肝などがわかっていきます。

失敗

キャッシュフローで考えていなかった

キャッシュフローというのは、実際のお金の流れのことです。実際のお金と、損益計算書上ではお金の流れが異なるわけです。

たとえば、ある商品を売るために100万円分の材料を仕入れたとします。この100万円を支払うのは3カ月後だとします。材料を仕入れてから、1カ月後に商品を200万円で販売し、その場で現金をもらったとしたら、売上200万円、かかった原価100万円、利益100万円ということになります。

これは損益計算書上の話ですが、実際のお金の流れはどうなっているでしょうか。売上の200万円のお金が入ってきていて、仕入れの100万円のお金はまだ出ていっていませんよね。簡単に言えばこれがキャッシュフローです。

このケースは経営上、とてもよいケースです。なぜなら、お金が先に入ってきて、出ていくのが後だからです。

しかし、このキャッシュフローの流れが逆のケースがしばしばあります。つまり、仕入れの100万円を今すぐに払わなくてはならず、売上200万円が入ってくるのが3カ月後などというケースです。

この場合には、仕入れの段階で100万円が必要になりますし、売上が入ってくるまで3カ月という時間がかかります。

こうなると仕入れができるお金がいくらあるかで事業のサイズ＝売上が決まってしまいがちになります。そこで資金繰りや資金調達ということが必要になってくるわけです。

入金時期、支払時期などの**「支払サイト」**が大切になります。支払サイトとは、どの程度の期間でお金を払うかという期間のことです。

この支払サイトを考慮していない事業計画書では、キャッシュフローで見た場合に、事業として資金が詰まってしまう、資金が足りていないということがよく起こります。

黒字倒産という言葉を聞いたことがある人も多いと思います。黒字にもかかわらず、キャッシュフローが原因で倒産することです。

納品と同時にお金をもらっているのであれば問題ないのですが、納品が後なのに、お金だけ先にもらってしまうと問題も起きます。

このような場合、キャッシュフローはとてもよいわけですが、お金が先に入ってくると、お金が潤沢にあると勘違いしてしまいます。本当はそのお金の一部は納品のために必要だったりするのですが、別事業への投資などに使ってしまって、然るべきときにお金がなくなってしまっているということがあります。

僕のお客様でも、キャッシュフローを考えていなかったことで会社倒産の危機を迎えている人が数名いました。

共通しているのは、前受金の形でお金をいただいて、そのお金を運転資金として使ってしまって、いざ納品するというときに材料の原価を払えず、実質的にキャッシュアウトするというものです。

失敗

社会貢献や理念などの要素にこだわりすぎ

社会貢献や理念的な要素にこだわりすぎて儲かる気配のない事業計画書を目にすることがよくあります。

社会貢献や理念の実現ということは、事業においては重要なことです。とても素晴らしいことです。ただ、事業としてしっかりと儲けることができないと、実現したい社会貢献のインパクトがとても小さいものに終わってしまいます。

事業におけるお金の意味を理解しておくことがとても大切だと思います。

事業をやっている人を、バスの運転手だとします。バスには目的地があります。この目的地が、その人の理念だとします。つまりこのバスは理念に向けて走っているわけです。

さて、あなた1人で運転し続けていると、体力的に1日8時間しか運転できないか

目的と目標

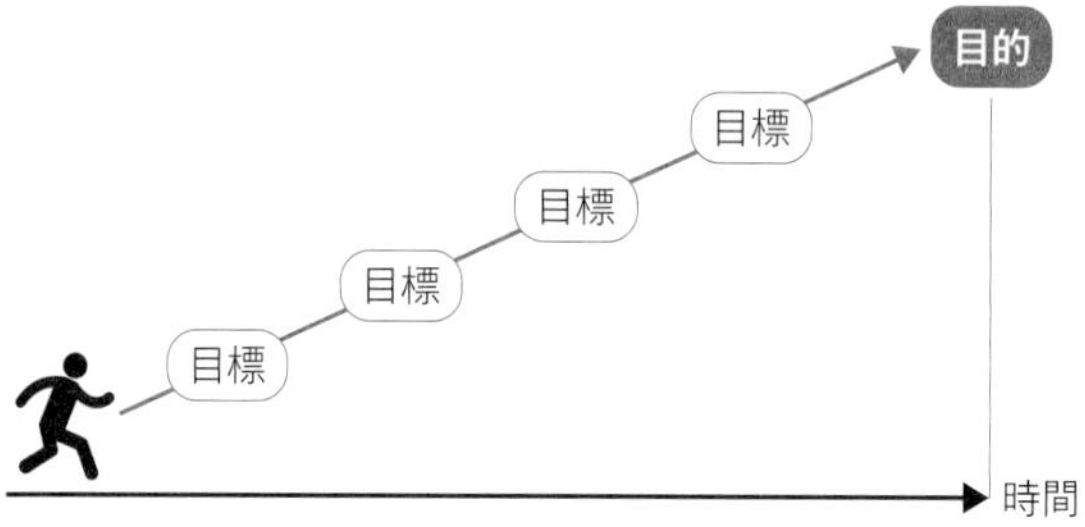

もしれません。一刻も早く目的地にたどり着こうとすると、24時間３６５日バスは走っていたほうがいいわけです。そうすると、あなた以外にもバスを運転できる人が必要になります。また、走っている途中でバスが故障するかもしれませんし、道中、高速道路などにお金がかかるかもしれません。

お金というのは、目的にたどり着くための手段という意味を持っているわけです。お金はあればあるに越したことはありません。バスが目的地に至るスピードが格段に上がっていくわけです。

話をあなたの事業に戻します。あなたとお客様の間で、お金というものはどういう意味を持つでしょうか。

お客様は、困りごとを解決してくれたり、楽しい時間を過ごすために、あなたの商品やサービスを利用するのでしょう。つまり、お金はあなたへの期待です。お金を稼ぐことができていないというのは、お客様をはじめ、マーケットから期待されていないということとも言えます。

お金を稼ぎましょう。**あなたの商品やサービスが本当に優れている場合には、あなたの事業が誰かの問題解決になっているわけです。**よい商品、サービスをつくり、あなたの事業が拡大すること自体もまた社会貢献であり、理念の実現なのです。

十分な自己資金があっても資金調達を行うべき

独立・起業時のタイミングで、たとえ自己資金を十分に持っていたとしても、資金調達を行うべきです。ここでいう資金調達は特に金融機関からの融資の話だと思ってください。

独立・起業時というのは融資を受けるチャンスです。

金融機関は貸したお金に対しての金利を利益とします。金融機関にとってのリスクは、融資先がお金を返せなくなることです。つまり金融機関は、すでに事業をやっていて間違いなく利益を出している会社などに融資したいわけです。

このような状況だと、新しく何かを始める人にお金が回ってきません。そこで独立・起業時というのは、この論理が取り払われることがあります。国をはじめ、創業支援という形で、起業家がお金を借りやすくなっているのです。

自己資金は潤沢にあるから何とかなる、と思って融資を受けないで事業を始め、計画通りいかず、資金が不足してしまった。では融資を受けようとなると、金融機関は事業の状況（実績）を提示しろと言います。実績はもちろんよくないわけですから、金融機関の心証が悪くなります。

そもそも、お金については基本的に2つの重要な考え方がありますので、覚えておいてください。

1 お金が尽きたらゲームオーバー

ギリギリの資金しかないという場合、大抵の場合には計画通り進まないため、資金が不足します。お金に余裕がないと、何かあった場合に「詰み」ます。また、精神的な意味でストレス、プレッシャーになるでしょう。

そのため、僕は悪いお金でなければ、お金はできる限り調達しておくべきだと思っています。

2 金利より効果を出せればよい

また、創業者向けの融資制度はかなり条件面も優遇されており、金利1〜3％程度で借りることができます。

金利3％というのは、500万円を返済期限5年間で借りた場合だと、ざっくりといえば、元金を毎月約8・3万円、金利を月1・2万円程度返済するだけです。500万円を借りて、年間15万円以上の効果をあなたが生み出せるのであれば、得をするという話です。ちなみに、金利がもっと低い場合もあります。

創業期の融資2つの基本

創業期に融資を受けようと考えた場合、2つのお得な融資制度があります。

1 日本政策金融公庫の新創業融資
2 地方自治体、銀行、信用保証協会の3者で行っている制度融資

日本政策金融公庫は簡単に言えば国の銀行で、そもそも使命として、創業者に融資をしています。日本政策金融公庫が創業者向けに行っている「新創業融資」という制度があります。

特徴として、返済期間が長期であり金利が低くなっています。民間の金融機関に比べて、借入の条件面で非常に有利です。運転資金で5年程度、設備資金で7年程度が返済期間の基本的な期間です。金利は2~3%程度です。

また、原則「無担保」「無保証」で融資を受けられることも特徴です。つまり、お金を借りるにあたって、保証人や担保の設定が不要ということです。

制度融資とは、「都道府県や各市区町村などの自治体」「銀行などの金融機関」「各地の信用保証協会」の3つの機関が協力して行う、創業間もない企業や中小企業をサポートするための融資制度です。

基本的には、銀行などの金融機関が窓口となり、融資を行います。制度融資といっても、各自治体に応じて様々なものがあります。内容や条件も異なりますので、管轄の自治体が行っている制度融資を調べてみてください。

信用保証協会は、国の機関です。信用保証協会は、創業・中小企業と金融機関の架け橋になってくれる機関です。信用力があまりない、創業して間もない事業者に信用を与えてくれる機関です。具体的には、融資された事業者が、借りたお金を金融機関に返済できなくなった場合に、保証協会が代わりに金融機関に対して返済してくれるといったものです。

新創業融資・制度融資を成功させる2つのポイント

1 元金と金利をちゃんと返せるか？ 堅実な事業計画書が必要

融資する際に金融機関サイドが重要視していることは、元金と金利を返済し続けてくれるかどうかです。事業計画書においては、壮大な事業計画よりも、現実的にして、確実に実施可能な事業計画を書くこと、売上計画も手堅い計画を考えましょう。

多くの人は、事業計画書をつくるとなると、わけもわからないくらい大きな売上や計画を想定してしまいがちです。大きな計画は不要です。元金と金利がしっかりと返せるという事業計画書になっていればよいのです。

また、なぜそれが実現できるのか、という根拠を示しながら、数字と突き合わせていくことが大切です。

2 融資をする創業者が信用できるか？

金融機関から見て、創業者を信用できるかということも融資に不可欠な要素です。事業は有望だと判断されても、実際に経営する人間がうさん臭かったり、経営者としてふさわしくなかった場合には融資が受けられません。たとえば、税金を納めていないような起業家は融資を受けられません。

信用と言えば、**代表者が「誰か」はとても重要な要素です。これは言い換えれば、過去に何をしてきた人なのか、**ということです。

「これまで不動産の営業をしてきた。一念発起でラーメン屋をやりたい」

「小さい頃からラーメンが好きで、毎週1店は新しいラーメン屋を開拓してきた。有名ラーメン店で修業して5年、そろそろ独立して自分のラーメン店を開きたい」

何となく後者のほうが、事業がうまくいきそうでは、と思うわけです。融資においては、しっかりとした人だとか、この人なら事業をちゃんとやりそうだということを複数の項目で証明していくという感覚が必要でしょう。

融資でよくある質問

■個人事業主と法人形態では融資の受けやすさに影響しますか？

個人でも法人でも違いはありません。確かに、一般的には個人よりも法人のほうが信用力があると思います。しかし、会社法が改正され、資本金1円から会社を設立できるようになりました。そのため以前と比べて会社だから信用があるとは一概に言えなくなりました。融資時の申請形態はさほど気にしないで大丈夫かと思います。

■自己資金について詳しく教えてください

自己資金とは、返済義務のないお金のことです。これから創業する人が創業融資を利用する場合には、借りる金額に応じた自己資金が必要です。

たとえば、新創業融資の場合だと、創業資金の10分の1は自己資金でまかなわなくてはならないという条件があります。

ここで注意が必要なのが、**通帳に記録が残っているということ**です。たとえば、通帳に毎月10万円ずつ貯金している記録が残っていれば、金融機関にも「ちゃんとご自身で貯めてきたお金なんだな」と思ってもらえるはずです。通帳に記録のない、いわゆる「タンス預金」だと、自己資金としてみなしてもらえないケースがあります。実際がわからないからです。

自己資金がなくても、0円でも融資申請できますか?

融資希望額に見合った自己資金をすぐに用意できない方も多いですよね。そんな方は、新創業融資であれば、保証人や担保を入れることで、自己資金の条件がなくなります。保証人や担保の価値にもよりますが。もちろん自己資金が全くない状態でも保証人を入れれば融資の申請をすることができますが、融資が通るかどうかは少し難しくなるでしょう。

というのも、**金融機関は自己資金の有無を通じて、「創業者の事業のやる気」を見ている部分がある**ので『自己資金が少ない=事業のやる気が少ない』と判断されてしまう可能性があります。本当にやる気や情熱があれば、開業資金を多少は貯めることができると考えているのです。

■一度融資を断られてしまいました。どうすればいいですか？

なぜ、断られたのかという理由が大切です。たとえば、すぐにでも解決・改善できる問題が理由で融資が断られた場合、その問題が解決・改善できれば融資もおりることでしょう。

とはいえ、断られたということは何か大きな理由があります。金融機関は、金融に関する個人情報なども調べます。また、なぜ、融資がダメだったのかという本当の理由を教えてくれることは、なかなかありません。

僕の経験上では、このようなパターンがあります。

❶自己資金が自己資金として認定されない
❷事業経験が乏しい
❸事業計画書が甘い
❹過去の金融上の信用情報に問題がある

このような理由で融資がおりなかった場合には、改善や解決に6カ月〜1年間は時間がかかってしまいます。

税金を払っていない、クレジットカードの滞納があるなどという場合には、融資はかなり難しくなってしまいます。

事業モデルによる資金調達の考え方の違い

非連続的な成長、世の中や業界を大きく変えるような目的で事業をしている会社があります。こういった会社はベンチャー企業やスタートアップと言われます。

ベンチャーやスタートアップの場合には、タイミングやスピードが極めて重要になりますし、その性質上、開発先行型になることがほとんどです。事業スタート当初より多額の資金が必要となり、一般的には数年赤字期間があり、途中で黒字化していくという形です。

そのためベンチャー、スタートアップの場合には、資金がかなり必要となるわけです。ただ、基本的に事業開始から数年間は赤字なので、銀行からの借入は受けにくい事業モデルです。そのため、エンジェルや個人投資家、ベンチャーキャピタルなどからの出資が馴染みやすいといえるでしょう。

一方、ベンチャーやスタートアップでない小さな事業をスモールビジネスと言います。飲食店を渋谷で1店舗スタートする、弁護士事務所をスタートするなどです。このようなスモールビジネスの場合には、数年間赤字ということは許されません。

独立・起業してすぐ売上を伸ばし、黒字化を目指さなくてはいけません。スモールビジネスの場合は、ベンチャーやスタートアップに比べて、売上が事業開始当初からあるケースが多いので、銀行などからの借入が馴染みやすいでしょう。

知っておきたい資金調達の全体像

近年、資金調達の種類や方法は本当に多様化しています。資金調達の全体概要と、それぞれのメリット、デメリットをご紹介します。

■自己資金

独立・起業のための資金として、最も理想的なのは、全て自己資金でスタートすることです。返済や金利負担もないので、それだけ運営が楽になります。

ただし、デメリットも存在します。当然ながら、自分の持っている資金の量は限られているということです。自己資金を貯めることにも時間がかかってしまいます。

小規模な事業での独立・起業の場合は自己資金という選択肢が最も低リスクだといえるでしょう。

知人などからの借入

借入ですから、こちらはいつか返さなければなりません。友人や知人、家族などから借入をして事業を始める人は意外と多くいます。大きなメリットとして、一般的に自由な条件でお金を借りることができます。

銀行などの借入と比べると、金利面や返済条件などは一般的には融通が利きやすいです。一方で、個人間での契約の場合、その関係がこじれてしまうとトラブルになってしまう可能性があります。個人の状況に依存することもあり、貸してくれた人の事情によっては、すぐに返済を迫られたりするかもしれません。また、返済できなくなった場合、関係性次第ですが、絶縁や裁判沙汰もありえます。

ファクタリング

「ファクタリング」は、「売掛金を買い取ってもらう」という手法です。売掛金とは、商品やサービスの納品が完了し、すでに請求書を出しているものの、支払いサイトの都合で、まだ入金されていないキャッシュです。事業資金を手に入れるための、融資や借入のような「お金を借りる」ということと非常に似ていますが、ローン・貸金ではなく、売掛金の売買です。

金融機関から融資を受ける

先に紹介した、日本政策金融公庫や信用保証協会系の制度融資などで融資を受ける方法や、プロパー融資と言われる、銀行固有の融資という方法があります。

プロパー融資には信用保証協会がつきません。信用保証協会がつかないということは、銀行が自らのリスクの下、会社や事業に対して融資をするわけです。

しかし、独立・起業したての会社などには、なかなかプロパーでの融資はされません。ただ、最近は金融庁の方針が変わってきていて、金融機関の在り方がかなり見直されてきています。創業期であってもプロパー融資をする金融機関も出てきています。

デメリットとして、担保や保証人が必要なため、会社が借入を返済できない場合、担保を手放すこと、保証人に返済が迫られることがあります。

エンジェルや個人投資家より投資を受ける

エンジェル投資家や個人投資家と呼ばれる人から出資を受けるという方法があります。

エンジェル投資家は、もともと、ベンチャーやスタートアップの起業家で、その会社が上場（ＩＰＯ）したり事業などを売却したことによって、多額の資金を入手し、それを使ってベンチャー、スタートアップの支援をしているケースが多いようです。

エンジェル投資家や個人投資家から出資を受けることのメリットは、基本的に返済不要だということです。この点が銀行をはじめとする借入と決定的に違うポイントです。元金返済など気にしなくてよいのです。金利などもありません。

出資を受ける場合には、株式と交換する形で資金を得ます。会社における株式というのは、会社そのもの（会社の所有権）ですから、**感覚的には自分の身体の一部を他者に渡しているようなものです。**

株式の持ち分割合（所有割合）によって、会社に対して行使できる権利が決まっています。出資を受ける場合には、このことを理解しなければなりません。

また、出資を受けやすいのは、ベンチャー、スタートアップ系の事業モデルのケースが多く、将来的に上場（ＩＰＯ）か事業を売却することが投資家から求められます。

出資する側からすると、お金が返ってくるかわからないリスクが借入に比べて高いわけです。そのため、借入の場合よりも、会社経営に対しての関与を高めます。これは投資家次第なところもあり、全く関与しない人もいます。中には、投資家のメリットになるようなことばかり、あるいは、自社の事業のためにならないようなことをガンガン言ってくるということもあります。

これまでの経験や人脈などを出し惜しみなく提供してくれる投資家もいますし、資金だけ出して、あとはノータッチという投資家もいます。

■ベンチャーキャピタル（ＶＣ）から投資を受ける

エンジェル投資家や個人投資家と基本的には同じですが、ベンチャーキャピタルは、投資それ自体を本業としています。

ベンチャーキャピタルの場合、本業ですから、何が何でも投資先を勝たせる、つまり上場や事業売却に持っていくために、いろいろな力添えをしてくれます。

ベンチャーキャピタルも、近年、数が増えています。出資以外の支援を行うなど、特化型のベンチャーキャピタルなども出てきています。一度事業を失敗した人に投資するファンド、U25（25歳以下）に投資するファンド、ドローン領域に投資するファンド、女性特化のファンドなどがあります。

ベンチャーキャピタルは本業として投資を行うので、ベンチャーキャピタル側に優位な条件で投資しようとします。事業評価の経験や知識で劣る若い起業家はベンチャーキャピタルにかないません。起業家にとって不利な条件で投資契約をしているケースも散見されます。

■補助金・助成金

補助金も助成金も、融資とは異なり、返す義務はありません。助成金については、資格の要件を満たせば受給できます。これに対し、補助金の場合は、事業計画を綿密に立てたり、その資金を何に使うのかなど、必要性をアピールする必要があります。

一般的に、助成金は厚生労働省が予算を持っています。人の採用や、人事制度などの変更に対して受給できるものです。

補助金は、経済産業省系のものが多いです。設備投資などに対して受給できるものが多いです。

どちらもすぐに受給できるわけではなく、半年〜2年近く時間を要することもあります。

■クラウドファンディング

簡単に言うと、インターネットを使い、不特定多数の一般の個人の方々から、小さなお金を集める資金調達の方法です。クラウドファンディングとは、クラウド（群衆）からお金を出してもらうという意味です。

インターネット、スマホの普及などによって、CtoBでの資金調達の方法が出てきたわけです（CtoCとなる場合もあります）。

クラウドファンディングにはいくつかのタイプがあります。

商品購入型・寄付型は企業や個人が、新しい商品やサービスをつくる際の資金を集め、目標金額に達したら、その見返りとして、支援者に対して負担してくれた金額に応じたリターン（商品やサービス）を提供するものです。

企業が提供するものとして、朝日新聞のクラウドファンディング「A-port」があります。「A-port」では、プロジェクトの起案者のことを「起案者」とし、支援する人を「支援者」と呼んでいます。

そして、資金を援助することにより、支援者がもらえる特典のことを「リターン」と呼んでいます。出資の方法が「達成時実行型」と「実行確約型」に分かれています。「達成時実行型」は、目標の金額を達成した場合に、起案者が資金を受け取ることができます。一方、「実行確約型」は、目標の金額に達成しなかった場合でも、起案者は資金を受け取ることが可能です。

他に、国内で代表的なプラットフォームとして「CAMPFIRE」「MAKUAKE」があります。

「ファンディーノ」をはじめ、商品購入型でなく、株式との交換という形で資金調達ができる投資型のクラウドファンディングも出てきています。

僕のお客様でも、株式交換型のクラウドファンディングで数千万円の資金調達を数時間で完了している方がいます。株式交換の場合には、出資と同じですので、株を失うというデメリットがあります。ただ、圧倒的に短い時間や労力で巨額の資金を調達できるというメリットがあります。

クラウドファンディングには、支援者と起案者に、リスクも存在します。

たとえ目標の金額を達成したとしても、そもそも起案者の見通しの甘さなどによりプロジェクトが達成されず、支援者にリターンができなかったケースもあります。

また、起案者は、当然ですがそのプロジェクトに責任を持たなければなりません。**もしもプロジェクトが失敗に終わってしまったら、自分で責任を負わなければなりません。**

私募債

一般的には、大企業などが投資家に発行している公募債とは異なり、個人や会社と関係ある特定の相手などに対して発行する社債のことをいいます。小規模な資金調達というイメージです。

ビジネスローン

ビジネスローンとは、個人事業主や中小企業を対象とした無担保ローンの総称です。

信用保証協会の融資やプロパー融資などは、条件が厳しいため、個人事業主や中小企業は利用できない可能性があります。一方でビジネスローンは無担保で利用できる上に審査も甘いので、比較的誰でも事業に必要な資金を調達できます。

通常の融資を利用できない企業でも資金調達できるのは大きなメリットですが、金利が比較的高いというデメリットもあります。返済が長期化すると負担額が大きくなったり、資金繰りが悪化する恐れがあります。

助成金・補助金は一生懸命やっている人へのボーナス

助成金や補助金に関しての誤解が多く、助成金や補助金頼みの人もよくみかけます。

そもそも、助成金にしても補助金にしても、ただお金をもらえるというようなものではありません。ここを大きく勘違いしている人が本当にたくさんいます。

助成金も補助金も、何かの条件をクリアして、まずあなたのお金を使い、その後で補助されるというような性質です。そもそも条件をクリアできるのか、資金があるのかどうかということが肝心です。

助成金、補助金頼みの人は、うまくいきません。こんな一過性のお金を当てにしていて事業が続くわけがありません。

事業というのは弱肉強食の世界で儲かるから続くわけで、本当に儲かるのであればお金を集めることはできるはずです。残念ながら、儲からないことや儲けることができない人のインセンティブに助成金や補助金が使われることがありますが、本末転倒です。

感覚的には、**助成金、補助金は一生懸命やっている人へのボーナス的なものだととらえるとよい**と思います。独立・起業ブームですから、多数の助成金、補助金があることは間違いありません。ただ、助成金や補助金を受給できたとしても、あなたの事業が実際に強くなるわけではありません。

最近では助成金や補助金に詳しい専門家や特化した専門家もいますので、そのような専門家をうまく活用しつつ検討するとよいでしょう。

専門家との付き合い方

専門家というのは主に士業のことをいいます。弁護士、税理士、司法書士、行政書士、社労士などです。独立・起業当初というのは手続き面でお世話になることが結構あります。

独立・起業当初は、顧問契約などではなく、ワンショット（一度きり）の付き合い方が多いと思います。

また、会計系のクラウドサービスが高度化し、自力で税務処理ができるようになってきています。クラウドサービスやツールを使うことで、独力で対応できるような領域も増えてきていますが、専門家の業務単価も下がっています。

専門家への依頼というのは、その業務にかかる時間を買っているというアウトソーシング的な意味合いがあります。また、専門領域で自分自身のミスを防止するという点も重要です。

専門家に頼まずに自力で作業していることを自慢する人がたまにいます。違和感を覚えます。代表者の時間は効果を最大化することに使うべきでしょう。

あなたの事業や状況を把握してくれる専門家を見つけると、物事が進めやすくなります。たとえば法律家であっても、法律一般論を唱えるのではなく、ではどうしたらいいのか、どこまでであれば問題ないのか、などを示してくれる人、チャットなどでいつでも相談できるような人を押さえておくとよいと思います。

専門家といっても本当にいろいろな人がいるので、コミュニケーションの相性が合う人を選んでください。僕の感覚的なものですが、コミュニケーションがうまくない人が多くいます。要領の悪い人、スピード感のない人は避けたいところです。

失敗

1円で会社をつくる無謀

よく1円で会社設立ができると思っている人にお会いします。結論としては、できません。

会社設立と言うと、法的な会社の設立という意味と、事業の立ち上げという2つの意味合いがありますが、どちらも基本的には1円ではできません。

独立・起業の形としては、個人事業主か法人かの2択があります。法人の場合には、さらに株式会社、合同会社、一般社団法人、NPO法人に分かれます。

会社設立に関する免許税という税金だけで数万円~20万円以上かかります。1円というのは資本金の話です。資本金とは会社に出資された金額のことです。資本金が1円の会社はつくれます。とはいえ、現実的に資本金1円の会社をつくる意味がどの程度あるのでしょうか。あなたの取引先が、資本金1円だったらどのように思いますか？　世の中はあなたが思ったことと同じことを考えます。

また、資本金1円の場合、銀行口座がつくりにくい、資金調達が難しい、すぐに債務超過になりうるなどのマイナス要素があります。つまり簡単にスタートはできるものの、事業の持続性を下げてしまう可能性が大いにあるのです。

もう1つの意味合いである、事業の立ち上げについては、これも正確に言えば1円では無理です。確かに初期費用をかけずにできる事業はたくさんあります。それは間違いありません。ただ、事業以外でかかる費用が想定に入っていないのです。

それは、家賃などのあなたの生活費です。つまりお金をかけずにスタートできても結局、売上がない限り、毎月一定のお金がかかるということです。

そのため、全くお金がない状況で事業を立ち上げるというのは、現実的にはできません。「全くお金がない中で立ち上げました」と言っている経営者や起業家はたくさんいますが、ほぼ全ての場合で、言っていないカラクリや、借金を積み上げている、家賃が不要、などの要因が潜んでいます。

ちなみに、僕は資本金5万円の株式会社としてスタートしました。実際には実費で別に25万円程度かかりました。会社設立後、初期費用などの投資や固定費はほぼなかった事業ですが、毎月の生活費が最低10万円はかかります。そのお金がなく、クレジットカードで借金を積み上げていました。

かといって、会社設立前に巨額の資金を用意してほしいということを言いたいわけではありません。**売上につながる事業のアイデアや、最低限のリスクを織り込んで進めましょう**ということです。

オフィスか自宅かコワーキングオフィスか

オフィスを借りるか、自宅にするか、コワーキングオフィス（共有型オフィス）にするかという悩みがあります。最近はコワーキングオフィスがいたるところにできているので、一層動きが加速しています。

昔であれば、自前のオフィスも用意できない会社なのか、という見方があり、オフィス選定には踏絵のような役割もありました。しかし、現在ではオフィスの有無で仕事が取れる、取れないということは減ってきています。

考え方としては、意味のないお金はかけないということが基本なので、最もお金をかけずに済むことを考えるとよいと思います。

もちろん、許認可が求められる事業などオフィスが必須の場合には、この限りではありません。

また、結局は費用対効果なので、その費用を払って何か効果があればよいという観点もあります。

コワーキングオフィスで生まれる人的ネットワークが仕事につながる見込みがあるのであれば、家賃無料の自宅よりも月額数万円のコワーキングオフィスを活用したほうがいいかもしれません。コワーキングオフィスにはセミナースペースを併設しているところもあります。あなたがセミナーで頻繁に集客を行うのであれば、セミナー会場をその都度借りる費用や手間も省けてお得かもしれません。

まとめ

1 あなたの商品やサービスが本当に優れている場合には、あなたの事業が誰かの問題解決になっている

2 独立・起業時というのは融資を受けるチャンス

3 代表者が「誰か」はとても重要な要素

4 助成金、補助金は一生懸命やっている人へのボーナス的なもの

5 専門家といっても本当にいろいろな人がいる

07

時間は解決してくれない

[起業直後]

事業は全て
お客様でできている。

この章のポイント

独立・起業した直後から6カ月程度の間で訪れる苦難や葛藤。特に、多くの人が失敗する局面とそれに対するヒントを紹介します。

この段階の問題として、後戻りできないことがあります。事業に関わる意思決定もスピーディーにしていかなければなりません。

とはいえ、迷う人が本当に多い段階です。この段階でつまずく人が最も多いです。時間の使い方を間違えている人も多く見られます。事業の成長に関係のない時間を過ごしている暇はありません。

失敗

サラリーマンの延長で、経営者だという自覚がない

独立・起業をしたというのに、サラリーマン感覚が抜けていない人が多くいます。数字が悪化しているにもかかわらず、追加のアクションや、そもそもの戦略を変えることなどをしない人、なぜうまくいっていないのか原因分析をしようとしないで、何となくで時間を過ごしている人。自覚のなさに、僕はお客様に対してよく怒ることがあります。

あまりにもひどいお客様に対しては、スケジュールを全て共有してもらうようにしたり、必ず日報を出すようにしてもらっています。

当たり前ですが、独立・起業した後は、誰かが問題を解決してくれることはありません。あなたが全ての当時者であり、あなたが意思決定して、動かないといけません。時間が解決してくれることも、ラッキーで好転することもありません。

07
時間は解決してくれない
【起業直後】

また、独立・起業した後というのは、新人であることや、あなたが誰かなどということも全く考慮されません。あなたも間違いなく一経営者です。世の中の他の経営者と変わりません。会社の規模は異なりますが、ソフトバンクの孫さん、ファーストリテイリングの柳井さんたちと、経営者という意味では同じなのです。違うと思ってはいけません。

規模的にこのような大企業の経営者を目指してくださいという意味でもありません。経営者になったんだという強い自覚を持つということです。

失敗

なぜか忘れる「ケガ」と「病気」のリスク

独立・起業をしようと思っている方はバイタリティーがあり、自分は健康であり続けられると思っている方が多くいます。

そのため、当人は365日24時間フル稼働できるような前提で、事業の計画を立てている人が非常に多いです。もちろん多くの独立・起業者というのは、24時間働くことや、365日働くことも必要な時もあると思います。とはいえ、リスクヘッジとして、自分の稼働率を下げた場合のことや、少しでも下げられるように設計しておく必要があると思っています。

僕は独立・起業したての頃に、お金がなくカップ麺やレトルトのカレーばかり食べていました。野菜は一切口にしませんでした。そのせいかどうかはわかりませんが、寒くなるとよく風邪をひいて、インフルエンザにもかかり、1週間業務が止まって、売上が2割減るといったようなことを経験しました。

会社が本当の意味で軌道に乗るまで、毎年誰かしらが風邪を長引かせ戦線離脱するというようなことがありました。

体が最大の資本であることを理解しましょう。

当たり前ですが、インフルエンザなどにかかる経営者はたくさんいますし、注意していても病気やケガを負うことはあります。もちろん、こんなことを気にしていたら何もできないではないかと思われるかもしれません。そのため、仕事の仕方として、自分の稼働が止まってしまっても、手がけている仕事の内容を残しておく、データを手元のPCだけでなくクラウド上にも保管しておく、あるいは誰かに共有しておく、仕事を頼める先をいくつか確保しておく、といったことは普段から最低限、準備しておくとよいでしょう。

失敗

営業が最優先なのに営業しない

独立し開業したものの、1人のお客様もつかまえることのできない人がいます。こういう人に限って、自分がお客様をつかまえてお金をもらっているイメージがありません。

イメージできないことを人はできません。お客様をつかまえることは独立・起業時に一番重要なことです。イメージを持つことができないでズルズルと時間を使ってしまうと、お客様をつかまえることは難しいことだと錯覚し、あるべき状態から遠ざかっていくことになります。

営業活動に対してアレルギー的な状態になってしまう人がいます。営業活動が怖かったり、売れない理由を商品やサービスが悪いせいだと考えています。

こういった人に限って、実際にお客様に商品・サービスを提案している回数が月に1~2回だったりします。提案の回数を増やすことが何よりも重要であるにもかかわらず、お客様から遠ざかって、机上の作業を増やすようになります。困ったときほど、机上で解決することは少ないです。全てはお客様が答えを持っています。お客様や、将来のお客様に会いに行くべきです。

売上はあなたの行動に影響されます。売上が出ない、売上が悪いというのは全てあなたの問題です。始めたばかりだから仕方がないとか、この季節だから売れないとか、まだパンフレットやホームページが充実していないからとか、責任転嫁しては絶対にいけません。全ての原因はあなたにあります。

07

時間は解決してくれない

【起業直後】

失敗

売りつけているという思い込み

営業の経験がない人に多いのですが、お客様に商品、サービスを買っていただくことを「売りつけている」というふうに捉えてしまって、営業をしない、やりたくないということがあります。

そもそも、お客様の困りごと、問題を解決するために、商品、サービスがあるのです。営業活動というのは、お客様の困っていることや、どうやったらもっとよくなるのかなどを知ることが基本です。

特に女性で、売ることが嫌だとか抵抗があるという人がよくいます。

女性は男性に比べて、丁寧で、細かいところにもよく配慮された素晴らしい商品やサービスを提供していることが多いのですから、自信を持つことさえできれば、すぐに売れる人は少なくないはずです。

明らかに素晴らしい商品を扱っているフリーランスの女性がいました。ただ、全く自信がなさそうでした。今までお客様に何と言われましたか、と聞くと、「本当によかった、お世辞でなくよかったです」とか「ずっと使い続ける」などという感想をいただいていたそうです。

それが事実で、他の人より素晴らしい商品なので自信を持ってくださいと告げると、それだけで少し自信を持つことができたようです。また、少しテクニカルですが、アピールがしにくいような場合には、自分で言わないで、このようなお客様の過去の声をしっかりと形にして、新たなお客様に渡すことでよい効果を得られます。営業ツールなどをつくり込むということで心理的抵抗を減らせます。

お客様の困りごとがわかって、あなたの商品、サービスで解決できるのであれば、その商品、サービスを提案すればよいのです。つまりあなたのために営業をするのではありません。お客様の問題を解決するためなのです。

このように考えると、営業への捉え方が少しは変わると思います。**お客様の問題解決であり、お客様を喜ばすことが営業の神髄なのです。**このことがわかっている営業マンはとても売れるわけですが、わかっていない営業マンは全く売れません。

失敗

売上を重視して納品できず

営業意識の高い人、営業畑出身者に多くあることです。営業が強いこと、それしかやってこなかったという人は、契約を取ることはできます。しかし、その後の商品やサービスの納品作業はこれまで別の人が担当していたため、独立・起業後に納品がうまくできないということがあります。

契約が取れるということは、契約後に発生する納品作業も同時に発生していきます。

納品自体が、すでに出来上がった商品を渡して終わりということであれば、問題ないでしょう。ただ、あなた自身が商品やサービスになっているケースが多いです。

つまり、事業モデルとしては時間売り・労働集約型だということです。

この場合には、契約が取れると、納品のために必ず誰かの時間を使う必要があります。1件契約が取れたので、納品を1カ月以内にしないといけない。納品には誰かの時間が最低40時間はかかる。

　このような事業の場合、あなたが事業全体に使える時間が1カ月で200時間程度だとして、そのうちに納品に使える時間は100時間とすると、本来は月2・5件が限界なわけです。にもかかわらず、納品待ちの案件が7件あり、これを今月と来月でやらないといけない……といった状況の人をよく見てきました。

　また、案件の1つ1つが全て異なるサービスの場合には特に注意が必要です。

　営業段階で相手と仕事内容の詳細を詰めることなく、適当に仕事を受注してしまう方も多いのですが、待っているのは悪夢です。

　あなたとお客様との認識が異なり、あなたとしては30時間程度で終わると思っていた仕事が、よくよく話を聞くと100時間はかかってしまうということに気づくことがあります。契約を解除しようにも、あなたはできると言ってしまっている、報酬を先にもらって

07
時間は解決してくれない
【起業直後】

しまっているとなると、断ると売上が下がってしまうので、やらざるを得ない状況になってしまっていることがあります。

失敗

前職時代のお客様を持ってきて揉める

前職で担当していたお客様を、独立・起業したあとにそのまま持ってくるという人はよくいます。前職の会社に筋を通している場合とそうでない場合があるわけですが。

前職に対しての不満があったり、ちょっとした自分本位の発想から会社には言わずにお客様を持ってきてしまう人がいます。

あの会社にはこれだけ貢献して、尽くしたのだからいいだろうという感覚です。退職時の規定などで禁止されていることもあるでしょう。前の会社に見つからないと思っていたものの、ひょんなことから見つかって採めるという事例をしばしば見ます。

失敗

自前でホームページ作成というムダ

コストをかけず倹約することと投資をすることのバランスというのは、とても難しい塩梅です。

よくあるのですが、コストを気にしすぎて、ホームページを自分で作成する人がいます。作成に30時間もかけたにもかかわらず、出来栄えは最悪というケースがあります。この会社は大丈夫か、と思われてしまうホームページってたまにありますよね。

または、最低限ホームページとして形になっていたとしても、30時間あなたの時間を使ってしまっているわけです。ホームページに限らず、名刺、チラシ、営業資料、広告運用などあらゆることで同じことが言えます。

自分でやればコストがかからないと思っているわけです。このような人に限って、自分の時間が一番大切であることがわかっていません。自分の時間は無限にあり、無料だと思っているのです。

そして、ホームページやチラシなどの効果に目を向けていません。ただホームページやチラシがあればよいわけではありません。

仮に30万円のコストがかかっても、あなたの時間を5時間しか使わずに、できあがったホームページを見てあなたに依頼したくなる人が10人中4人いるというものができたら、圧倒的に費用対効果はよいものです。これが投資です。

独立・起業を目指す人の中には、投資の感覚がない人が本当に多くいます。投資ができない人は本当に伸びにくいです。素人である自分で全部やろうとするからです。

まとめ

1 独立・起業したあとは、誰かが問題を解決してくれることはない

2 体が最大の資本

3 売上はあなたの行動に影響される

4 お客様を喜ばすことが営業の神髄

5 独立・起業を目指す人の中には、投資の感覚がない人が本当に多い

あとがき

本書を読んでくださった方は、自らの力で何かをやろうと思っているのだと思います。そのこと自体に尊敬と嬉しさを感じます。ありがとうございます。

本書はビジネス読み物として一度読んで終わりでなく、あなた自身が独立・起業を実践する際に、辞書のように使い続けてほしいと思っています。

「自分で稼ぐ力」を身につけ、独立・起業を進めていく中で、本書の内容の理解も深まるでしょう。読めば読むほどお役にたてると確信しています。

さて、僕自身の起業のきっかけについては、まえがきにも書きました。病気をきっかけに、23歳、資本金5万円で起業したのです。その当時、このような本を執筆している未来は、全く想像もつきませんでした。

当時は、あまりに力がなく、魅力的な商品やサービスがつくれず、営業活動もどうしていいかわからず、6～7カ月の間、何もできませんでした。会社を畳んで、就職しなおさないといけないくらいの状態にまで陥りました。

今、考えるとよい思い出ですが、プライドや自信、全てが打ち壊されたのを覚えています。それと同時にこの10年間、一度たりとも起業したことを後悔したことはありませんでした。最高の時間を過ごしています。

独立・起業というのは、本当に残酷な世界ですが、これほど面白い世界もないと思っています。やればやるほどその両方を感じています。

10年間、ただがむしゃらに独立・起業を望む人のお手伝いをしてきました。その数は1万人を超えるまでになりました。

時代の流れは変わりました。副業なども含めて、大起業時代が来ようとしています。とはいえ、現在の学校をはじめ、企業、法律、人々のマインドといった社会システムは独立・起業で求められる考え方や能力を育むようなものではありません。むしろ独立・起業で求められる考え方、力を削ぐものです。

僕が独立・起業のお手伝いを始めてから、ずっと大切にしていることがあります。それは、主観的でなく、客観的に考える、接するということです。

主観的でなく、客観的に、どういった問題が発生する確率が高いのか、その原因は何か、どういう考え方をしていくとうまく問題をかわせるのか、10年間、1万人を超える人をある意味、実験台にさせていただき、経験を積み重ねてきました。

企業に属さず、独立・起業する人はこれまでにも世界で数十億人、あるいはそれ以上、いたことでしょう。ただ、その人達が、なぜうまくいったのか、失敗したのかという客観的な経験の蓄積はされていません。

うまくいく確率が上がる要因がわからないので、どうしても失敗が目立つようになり、独立・起業はごく一部の人が選択するマイナーな種目になっていました。これがメジャーな種目に変わるわけです。

人は1人として同じ人はいません。そのためもちろん、各人に共通する完璧な正解というのはありません。

それでも、少しでも発生の確率が高い問題を事前に、リアルに伝えることで、多くの方が先手を打てる状況をつくりたいと思っています。

僕としては、まだまだ目指しているレベルに達していません。0・0001%なのか、10%なのかはわかりませんが、本書で紹介したノウハウは、あなたの失敗の確率を減らすことができるものだと思っています。また、僕1人の力で得たものではありません。全てはこれまで「自分で稼ぐ力」を得て、「何かをしよう」としてきた人たちの経験でできています。

全ての起業家の人々に感謝をしつつ、僕も1人の起業家としてまだまだ走り続けます。一緒に頑張りましょう。

伊藤健太

いとう・けんた

株式会社ウェイビー代表取締役社長
徳島大学客員教授
世界経済フォーラムU33日本代表

慶應義塾大学卒業後、23歳の時に病気をきっかけに小学校時代の親友4名、資本金5万円で起業。6カ月以上売上が立たず、クレジットカードでの借金生活を過ごすも、低コストのマーケティング手法を多数考案。会社設立や資金調達を支援する事業を開始し、相談件数が1年間で1,000件を超える。多くの人が直面していた「どうやったら売上が上がるのか？」「成功する起業家になれるのか？」といった課題を解決すべく、マーケティングのコンサルティング事業も開始。国内有数の独立・起業支援の会社となり、支援者数は10年間で10,000人を超える。現在、小さな会社、個人事業主、副業者の売上向上のためのサービス「01 クラウド」を展開。独立・起業を応援するメディア「01 ゼロイチ」は月間ユーザー47万人を超える、日本トップの起業系メディアとなっている。著書に『起業家のためのマーケティングバイブル』（同友館）、『成功する起業家はこう考える』（中央経済社）などがある。

Twitter / @itokenta1121

「自分で稼ぐ力」を身につける本

2020年2月12日　1版1刷

著　者　伊藤健太

発行者　金子 豊

発行所　日本経済新聞出版社
東京都千代田区大手町1-3-7
〒100-8066
https://www.nikkeibook.com/

イラスト　福士統子

ブックデザイン　夏来 怜

本文DTP　マーリンクレイン

印刷・製本　三松堂

ISBN978-4-532-32323-3